DER INNERE WEG

SWAMI DURGANANDA

2. Auflage September 2014

ISBN 978-3-930716-09-8

© Copyright
Sivananda Yoga Vedanta Zentrum München
Steinheilstraße 1
D–80333 München
Tel.: +49 89 700 96 69 0
E-Mail: munich@sivananda.net
Web: www.sivananda.eu

Sri Swami Sivananda (1887 – 1963)

Sri Swami Vishnudevananda (1923 – 1993)

INHALTSVERZEICHNIS

VORWORT

„Geh in den Westen, die Menschen warten." Mit diesen Worten schickte Swami Sivananda im Jahr 1957 seinen Schüler Swami Vishnudevananda von Indien nach Amerika und Europa. 35 Jahre lang brachte Swami Vishnudevananda die klassischen Lehren des *Yoga* und *Vedanta* buchstäblich an die Türschwelle der westlichen Gesellschaft. *Yoga* ist heute ein geläufiger Begriff.

Swami Durgananda gehört zur ersten Generation westlicher Praktizierender und Lehrer im Westen, die ihr Leben ganz dem *Yoga* gewidmet haben. 1973 traf sie Swami Vishnudevananda in San Francisco und trat in den Sivananda Ashram in Grass Valley, Kalifornien, als Schülerin und Mitarbeiterin ein. Nach einer ersten Trainingsphase schickte Swamiji Swami Durgananda nach Europa, wo die ersten Sivananda-Zentren gerade im Aufbau waren.

Die deutsche Erstausgabe des 'Inneren Weges' erschien anlässlich des 40-jährigen Jubiläums des Sivananda Zentrums in München. Diese Textsammlung ist ein Mosaik aus praktischen *Yoga*-Inspirationen für ein gesundes, ethisches und friedliches Leben inmitten der heutigen Gesellschaft.

28. Juni 2014

Swamis, Mitarbeiter und Schüler der
Sivananda Yoga Vedanta Zentren in Europa

YOGA-PHILOSOPHIE

UNIVERSELLE SPIRITUALITÄT

Eine universelle Spiritualität ist eine erhabene Spiritualität, die uns erkennen lässt, dass Körper und Geist nicht das Wichtigste in der Welt sind. *Yoga* erklärt diese geistige Ebene, die über einen gesunden Lebensstil und Körperübungen hinausgeht. Es ist eine kosmische Spiritualität, die nicht auf eine bestimmte Religion beschränkt werden kann. Sie hat eine umfassendere Form, die vielleicht der Religion der Zukunft entspricht, ohne Auseinandersetzungen wie „Mein Gott ist besser als dein Gott". Allmählich entdecken wir, dass solch eine Haltung nicht mehr zeitgerecht ist. Es gibt noch viele Menschen, die nicht so denken, aber zugleich kann man bereits einen starken Zuwachs an innerer Religionsfreiheit und einem Bewusstsein wahrer kosmischer Spiritualität beobachten.

Der Geist muss jedoch gereinigt werden, um sich diesen Energien zu nähern: dafür bringen wir den Körper vollkommen zur Ruhe und wiederholen den Klang eines *Mantras*. Es ist erstaunlich, was alles an die Oberfläche des Geistes aufsteigt, wenn man versucht, sich auf das *Mantra* zu konzentrieren: Tageszeitungen, Fernsehsendungen, Berufsausbildung, persönliche Beziehungen, unsere Arbeit, Sorgen und Gedanken an die Zukunft. Wir sind überladen und können keinen Frieden finden in diesem Computer, den wir in unserem Kopf tragen. Wir müssen ständig die Inhalte löschen, um neue Ideen und neues Wissen aufnehmen zu können, und dieses Löschen passiert während der Meditation.

Man macht hier keine spezifische Wahl, es geschieht auf der Grundlage von Erkenntnis oder *Vidya*, im Gegensatz zu *Avidya* oder Unwissenheit. Diese Erkenntnis ergibt sich aus der inneren Erfahrung. Wenn wir in Kontakt mit etwas kommen, das größer als die übliche Erfahrung von Körper und Geist ist, entsteht eine gewisse Distanz, die aber nicht aus Trägheit, Faulheit oder Intoleranz entspringt, sondern aus einem Gefühl selbstloser Liebe. Der Praktizierende wird sich bewusst, dass er von einer größeren Kraft getragen wird.

Die Wiederholung eines *Mantras* ist eine wunderbare Methode, da hier Klangschwingungen eingesetzt werden, die alles im Universum erschaffen, erhalten und zerstören. Diese Klänge existieren in uns und verbinden uns mit einer universellen, unveränderlichen Spiritualität, in der alles Veränderliche zurückgelassen wird. In diesem Augenblick wird die Ebene der Natur transzendiert, und wir tauchen ein in das reine Sein. Dies ist unser Geburtsrecht und das Ziel für jeden *Yogi* oder jeden spirituellen Menschen.

Sobald wir unsere eigenen spirituellen Bedürfnisse verstehen, verstehen wir auch, dass dies nichts mit Ost oder West zu tun hat. Übt, lernt und vertieft Eure *Yoga*-Übungen, sie sind Eure Begleiter bis zum Ende des Lebens, selbst wenn aufgrund einer Erkrankung der Körper einmal nicht in der Lage sein mag, *Yoga*-Übungen zu praktizieren. Das Schicksal hat seine eigenen Wege, und aufgrund karmischer Tendenzen kann jeder von einer Krankheit betroffen werden. Aber niemand kann einem die inneren Werte nehmen, durch die wir uns in die kosmische Wirklichkeit einstimmen können. Selbst wenn die Dinge links und rechts zusammenbrechen, setze Dich einfach hin und verbinde Dich mit dem kosmischen Selbst, der unveränderlichen Energie der Natur, die immer in Dir ist. Durch den ständigen Missbrauch der Sinne im Alltag wird dieses Selbst verschleiert, was uns von dieser spirituellen Erfahrung wegführt.

Es gibt viele Wege, aber nur eine Wirklichkeit. Wer das Ziel erreicht hat, hält sich nicht für einen *Yogi*, einen Christen, einen Juden, einen Hindu oder einen Moslem. Es wird eine kosmische Wirklichkeit erfahren. Alle Weisen, die diese Erkenntnis erreicht haben, können sich die Hand reichen. Es gibt keine Notwendigkeit für irgendeinen Konflikt. Diejenigen, die weiterhin auf dieser Ebene streiten, haben noch nicht das volle Bewusstsein der Wirklichkeit erreicht, sie kämpfen aufgrund ihrer Verhaftung an einen Namen und eine Form. Es war das Ziel von Swami Vishnudevanandas Arbeit im Westen, durch die Praxis des *Yoga* Einheit in Verschiedenheit zu erreichen.

DAS NICHT-INKARNIERTE SELBST

Erleben wir den jetzigen Moment wirklich bewusst? Wenn wir nicht sicher sind, dann gibt es hier ein Problem! Ich spreche, Ihr hört. Aber wer spricht und wer hört zu? Das ist die tiefe – und immer gegenwärtige – *vedantische* Frage. Wenn wir diese Frage innerlich zulassen, macht sie uns wirklich betroffen. Wer hört zu? Ist es mein Ohr, das hört? Was ist hinter meinem Ohr? Mein Geist? Was verbirgt sich hinter meinem Geist? Man wird dann unsicher, denn da ist etwas, was nicht physisch ist, nämlich Bewusstsein, was wiederum nicht Geist ist. Der inkarnierte Teil von uns ist immer da. Man könnte sagen, dass wir wie Gott auf zwei Ebenen existieren, nicht inkarniert und inkarniert. Aber das Problem ist, dass wir nicht allzu viel Wert auf den nicht-inkarnierten Teil von uns legen. Wenn man über längere Zeit keinen Wert auf etwas legt, wenn man sich nicht darauf konzentriert, – was passiert dann? Man vergisst, dass es überhaupt existiert. Stellt Euch vor, es gäbe bereits seit zwei Jahren keine Sonne mehr. Manche Leute würden sagen: „Vielleicht gab es nie eine Sonne, vielleicht ist es eine Illusion aus der Vergangenheit. Die Menschen glaubten, dass es eine Sonne gab, aber eigentlich gab es nie so etwas wie eine Sonne." Wenn man die Sonne 25 Jahre lang nicht sehen würde, würde die nächste Generation so etwas wie ‚Sonne' als einen Mythos aus Zeiten der Eltern und Großeltern betrachten: „Es gab nie so etwas wie eine ‚Sonne', wir haben sie nie gesehen!"

Das gleiche wird mit dem nicht-inkarnierten Teil von uns passieren, wenn wir uns nicht darauf konzentrieren. Noch sind wir in einer Phase, in der wir an dieser Existenz zweifeln. Das kann schließlich dazu führen, dass wir davon überzeugt sind und fest glauben: „Ich bin ein physisches Wesen." Der andere Teil der Gleichung wird dann vergessen: „Ich bin auch ein nicht-physisches Wesen." Der nicht-physische Teil ist ebenfalls präsent und besteht parallel zum physischen Teil. Tatsächlich ist es der nicht-physische Teil, der den physischen Teil formt und nicht umgekehrt. Das Feinstoffliche bringt das Grobstoffliche hervor.

Ein Teil von mir ist immer mit Gott, dem Bewusstsein, der Quelle der Energie. Dies ist die Aussage von *Vedanta*: Der Sitz Gottes ist nicht irgendwo anders, in einem anderen Raum, im Himmel, an einem besonderen Ort; er ist jenseits meiner Vorstellungskraft, aber nicht von mir getrennt. Dieses Konzept erfordert viel Meditation und Kontemplation. Zunächst widmen wir dieser Idee einige Überlegungen und denken etwas darüber nach; wir finden es ziemlich faszinierend. Aber dann schaltet der Geist um auf etwas anderes: „Was gibt es zum Abendessen?" Wir sind es nicht gewohnt, uns lange auf solche Überlegungen zu konzentrieren. Unser Geist wurde für diese Art Konzentration nie trainiert, wir sind in tiefem Nachdenken, Kontemplation und Meditation nicht geschult, obgleich sie doch so wichtig im Leben sind. Unsere Stärke liegt mehr bei Überlegungen der linken Gehirnhälfte über Dinge, die uns helfen unseren Lebensunterhalt zu verdienen. Und so leben wir in einem geistigen Käfig, unfähig diese Grenzen zu überschreiten, und gleichzeitig denken wir, wir seien frei.

Ein Teil von uns ist immer bei Gott, nie getrennt. Auch wenn es im Augenblick nicht zu spüren ist – allein dies schon zu hören ist sehr tröstlich. Es ist eine gute Nachricht zu hören, dass man tatsächlich nie von sich getrennt ist. Es ist unmöglich, von sich selbst getrennt zu sein, die Verbindung ist bereits da, perfekt und vollkommen.

WO LIEGT WAHRE FREIHEIT?

Was ist Freiheit? Was ist Sklaverei? Jeder will Unabhängigkeit und Freiheit, jeder möchte verstanden werden, niemand möchte von den Wünschen anderer gesteuert werden. Im Gegenteil, wir versuchen, unsere Wünsche auf andere zu projizieren. Wir möchten, dass andere unsere Wünsche verstehen und, wenn möglich, unterstützen. Jeder möchte der Chef sein und anderen diktieren, was zu tun ist. Aber ist das Freiheit?

Laut Swami Sivananda, und dies steht auch in den *Upanischaden* geschrieben, ist Freiheit unser gemeinsames Geburtsrecht, es ist die Natur der ewigen Seele. Keine Kraft und kein menschlicher Plan können das ändern oder es unterdrücken. Allerdings ist es wichtig zu verstehen, was wirklich innere Freiheit ist, und was einen wiederum in die eigene Sklaverei führt. Ein lockeres Leben ist nicht Freiheit, ebenso wenig besteht sie daraus zu sagen oder zu tun, was man möchte, oder planlos überall hinzugehen. Reichtum macht uns nicht frei, andere Nationen zu erobern ebenfalls nicht. Es ist keine Freiheit, sich der eigenen Verantwortung zu entziehen.

Yoga behauptet, dass wahre Freiheit darin besteht, sich von den Zwängen des Körpers frei zu machen, was schließlich zur Freiheit von Geburt und Tod führt. Das ist ein sehr fortschrittliches Konzept und diese Idee von Freiheit entwickelt sich langsam durch Verhaftungslosigkeit gegenüber dem Körper, was uns wiederum von Zorn und Gier befreit. Unerfüllte Wünsche führen zu Zorn, und der Grund vieler Probleme in zwischenmenschlichen Beziehungen ist, dass wir nicht erfüllt sind. Wut und Gier hängen zu einem großen Teil von den Erfahrungen der frühen Kindheit ab, also wie man behandelt wurde, oder wie er oder sie weiter behandelt werden. In Indien gibt es ein Sprichwort, dass Kinder gefüttert werden müssen, und dies bezieht sich nicht nur auf Nahrung für den Körper. Es ist auch notwendig, ihnen andere Dinge zu geben, so weit wie möglich und soweit dies hilfreich für ihr Entwicklung ist und sie erfüllt und zufrieden machen kann: Es ist notwendig, Zeit mit ihnen zu verbringen und mit ihnen zu interagieren. Das gleiche gilt für zwischenmenschliche Beziehungen, es muss Mitgefühl und Interesse in den Kontakt mit der anderen Person investiert werden. In der spirituellen Welt, versucht der Lehrer, die Schüler, die zu ihm kommen, wirklich zufrieden zu machen. Meister wie Swami Sivananda und Swami Vishnudevananda und andere, sehen und verstehen, was ihre Schüler brauchen, beantworten ihre Fragen und sind für sie da, soweit dies in ihrer Macht und in ihren Möglichkeiten liegt.

Oberflächlich kann man leicht Zufriedenheit finden: eine Stadtrundfahrt, gutes Essen, neue Schuhe; jeder weiß aus eigener Erfahrung, wie flüchtig diese Art von Zufriedenheit ist, wie schnell die Dinge, die wir uns wünschten, uns bald langweilen. Man sollte sich dieser Oberflächlichkeit klar bewusst werden.

Man hat jederzeit die freie Wahl und letzten Endes ist dies die Grundlage für die eigene Entwicklung. Je länger wir das sogenannte moderne Leben, die Kultur von Konsum und Kapitalismus beobachten und analysieren, desto deutlicher wird, dass es zur Verhaftung an den Körper führt und den Menschen letzten Endes versklavt. Um dies zu vermeiden muss man sich davon distanzieren, vorübergehend oder auf Dauer daraus aussteigen und den spirituellen Weg finden. Dies bedeutet nicht, sich vom Leben abzuwenden, aber es verlangt tiefes Nachdenken und sich selbst in Frage zu stellen.

Wenn man wirklich Interesse an Meditation hat, muss man Unterscheidungskraft entwickeln und logisches Denken, das zu klaren Schlussfolgerungen führt. Man setzt sich neue Ziele. Zunächst sind es kleine Ziele, wie täglich *Asanas* und *Pranayama* zu üben, nicht zu lügen, nicht untätig zu bleiben, anderen zu helfen.

Freiheit kann nicht nur von außen kommen, sie erfordert tägliche innere Arbeit. Der Weg zu dieser Art Freiheit ist kein angenehmer Weg. Der Geist muss diszipliniert und ständig in die Schranken gewiesen werden. Zunächst wird er dagegen kämpfen, und man wird ein paar Rückfälle erleben: Man übertreibt, trinkt ein Bier, isst drei Stück Sahnetorte in einem Rutsch oder ein Steak. Wie gehen wir damit um? Zuerst müssen wir erkennen, dass der Geist Spiele spielt und versucht auszubrechen. Dann sollten wir versuchen, dieselbe Geduld und dieselbe Positivität auf uns selbst anzuwenden, die wir auch anderen gegenüber zu entwickeln versuchen. Dabei versucht man sich immer daran zu erinnern, den Fehler in der Zukunft nicht wieder zu begehen. Dies erfordert kleine zusätzliche ‚Askese'-Übungen. Der Fortschritt auf diesem Weg ist nicht stetig, oft geht man zwei Schritte vorwärts und dann einen Schritt zurück. Am Anfang erscheint der Fortschritt einfach und schnell. Aber selbst wenn man sich ehrlich und ernsthaft bemüht, wird es Rückschläge geben.

Swami Vishnudevananda sprach oft von zwei Möglichkeiten: dem guten Weg und dem angenehmen Weg. Es verlangt Disziplin, den guten Weg zu gehen, er ist schwieriger und steiler, aber am Ende wird er zu *Moksha*, zu dauerhafter Freiheit führen.

FREIHEIT UND DER GEIST

Einerseits bindet der Geist uns durch seine Gedanken und Gefühle, aber zugleich ist er auch das Instrument, mit dem Freiheit erlangt werden kann. Im Gegensatz zur traditionellen Psychologie, die vor allem in die Vergangenheit schaut und sie analysiert, konzentriert sich *Yoga* ganz auf das Hier und Jetzt. Der Geist ist in der Lage, geistige Bilder zu schaffen, die oft nicht den Tatsachen entsprechen. Wenn Ehen oder Freundschaften eingegangen werden mit bestimmten geistigen Absichten, die sich dann nicht erfüllen, kann es zu den Problemen kommen, die uns allen wohlbekannt sind. Wenn aber Unterscheidungskraft angewandt wird (und dem Geist steht diese Funktion zur Verfügung), dann muss die Phantasie sich in den Hintergrund zurückzuziehen und kann die Freiheit nicht mehr beeinflussen. Durch *Sadhana* kann man lernen, diese Fähigkeit bewusst einzusetzen.

Swami Sivananda sagt ganz klar, dass es eine der stärksten Ideen des Menschen ist, zu glauben, dass die Seele Grenzen hat und auf den Körper beschränkt ist. Dieses Missverständnis, dass die Seele im Körper gefangen ist und dass das eigene Leben ausschließlich durch den Körper definiert wird, ist eine Einschränkung der Freiheit. Gleichzeitig wird dieses Missverständnis durch andere Menschen bestärkt, die den gleichen Glauben haben. Solange nichts schief geht, wird dieses Problem nicht als solches erkannt oder als schmerzhaft empfunden. Erst wenn wir negative Erfahrungen wie Krankheit oder Tod erleben, kommt die Frage auf: „Wie kann ich diesem Schmerz und Leid entkommen? Wie komme ich aus dieser Routine oder aus dieser Unwissenheit heraus?" Die große Schwierigkeit ist, dass die Identifikation mit dem Körper alles andere überschattet, und die Möglichkeit der Transzendenz und der Unabhängigkeit von der Identifikation mit dem Körper nicht für möglich gehalten werden.

Das ist der Anfang von *Sadhana*, mit dem Ziel, das Konzept der Beschränkung der Seele aufzulösen. Der Geist kann sich langsam von diesem Objekt lösen, von der Hauptidee der körperlichen Verhaftung, und nicht mehr von ihr versklavt werden. Dann tritt das ein, was man Freiheit, *Moksha*, *Samadhi* oder Selbstverwirklichung nennt. Dann gibt es keine Angst mehr vor Krankheit und Tod, und auch keine Vorlieben und Abneigungen mehr, weil man sich nicht mehr an dieses Objekt ‚physischer Körper' klammert. Nicht mehr am Körper hängen bedeutet natürlich nicht, dass man sich nicht mehr um den Körper kümmert und ihm die nötige Aufmerksamkeit schenkt. Man sollte sich darum kümmern und sich zugleich bewusst sein, dass Körper und Geist endlich sind. Das Konzept von der Existenz des Unendlichen muss immer wieder neu ins Bewusstsein gebracht werden.

Laut Meister Sivananda baut der Geist eine Brücke zur Materie und den Objekten einerseits, und zur Seele, dem Selbst, andererseits. Der Geist kann diese Brücke schaffen, wenn das logische Denken intakt ist, wenn wir die Dinge zu ihrer logischen Schlussfolgerung durchdenken, ohne den Einfluss von starken Wünschen, wenn wir uns selbst fragen: „Was geschieht, wenn ich dieses oder jenes tue?" Wenn ein starker Wunsch vorhanden ist, wird es sehr schwer, logisch zu denken, denn der Geist ist bereits in der Erwartung der Erfüllung dieses Wunsches gefangen. Dies passiert zum Beispiel bei Suchtabhängigkeit. Jemand, der süchtig ist, hat keine Logik mehr – Alkohol, Drogen, Medikamente, zu viel Essen, zu viel Schlafen, all dies verschleiert die Urteilskraft. Die Logik wird ausgeschlossen. Menschen mögen sich der allgemeinen Folgen von zu viel Essen, zu viel Trinken oder zu vielen Pillen wohl bewusst sein, aber sie sind dennoch nicht in der Lage, die Wirkungen auf das eigene Leben in Betracht zu ziehen. *Viveka*, die Unterscheidungskraft, kann nicht mehr angewandt werden.

Die Entwicklung dieser Unterscheidungskraft erfordert Selbstdisziplin. Dann kann die Brücke gebaut werden, denn nicht alles, was im Geist ist, ist ein Hindernis. Um irgendetwas zu verstehen, ist immer ein Denkprozess gefordert. Aber wir müssen das, was wir verstanden haben, auch anwenden, sonst wird es schnell wieder vergessen werden. Schmerz, Sorgen, Kummer und Probleme kommen dann zu einem Ende, sagt Swami Sivananda, der selbst die absolute innere Freiheit erreicht hatte und deshalb ein *Yogi* genannt wurde, jemand, für den nichts unmöglich ist. Er kann frei handeln, er kann gehen, wohin er will. Er ist frei wie die Luft und nicht der Zeit unterworfen. Der Frieden, den solch ein *Yogi* genießt, ist unbegrenzt, seine Freiheit hängt nicht von vergänglichen Dingen wie dem Körper ab, weil echte Freiheit nichts mit Zeit zu tun hat. Freiheit, die zeitlich begrenzt ist, ist eine geborgte Freiheit. Heute etwas besonders Spannendes zu unternehmen, ist geborgte Freiheit. Wenn es zu einer regelmäßigen Erfahrung wird, kann es zu einer Sucht werden, mit dem Risiko uns zu versklaven.

Wirkliche Freiheit besteht in der Erkenntnis von Einheit in Verschiedenheit: die Erkenntnis, dass die Dinge nicht so verschieden sind, wie es auf den ersten Blick erscheint. Die Freiheit besteht darin, sich von der Vorstellung der Vielfalt zu befreien. Es ist schwierig, eine Entscheidung zu treffen, wenn die Auswahl groß ist. Herausfinden, was richtig ist, erfordert viel Anstrengung und Zeit. Wenn es weniger Auswahl gäbe, könnte eine Menge Zeit eingespart werden. Dies zu verstehen ist der Anfang der Freiheit. Man erkennt, dass die Freiheit nicht darin besteht, 50 Sorten von allen Dingen zu besitzen, die sich bei näherer Betrachtung eigentlich gar nicht voneinander unterscheiden.

Verhaftung entsteht aufgrund des eigenen Lebensstils, aufgrund der Wünsche, durch ichbezogenes Denken, das sich hauptsächlich mit dem physischen Körper beschäftigt, und schließlich aufgrund von Sehnsüchten und Träumen, die fast immer ein unzufriedenes Gefühl hinterlassen, weil sie keinen Bezug zur Wirklichkeit haben und daher kaum erfüllt werden können. Wie bei ein Lottoschein, gibt es zwar eine Möglichkeit zu gewinnen, aber die meisten Menschen tragen ihre unerfüllte Sehnsucht ein ganzes Leben mit sich herum und sind Sklaven ihrer eigenen Träume.

Swami Sivananda definiert gewisse Anzeichen, die darauf hindeuten, dass sich die Vielfalt im Geist verringert hat:

- Eine grundlegend klarere Energie. Die Person ist einfach und unkompliziert, aber in keiner Weise dumm oder langweilig,

- Zufriedenheit; wenn innere Zufriedenheit zunimmt, ist dies ein Zeichen, dass die Vielfalt abgenommen hat. Man ist ruhiger und kann auch auf eine positivere Art und Weise mit sich allein sein,

- Geduld mit anderen Menschen und Situationen,

• Ausdauer, in der Lage sein, etwas abzuwarten, ohne nervös zu werden,

• Großzügigkeit, innere spirituelle Großzügigkeit, (nicht mit teuren Abendessen oder Geschenken), sondern die Großzügigkeit, es anderen zu erlauben, Fehler zu machen.

Yoga bietet verschiedene Methoden, sich von der Tendenz der Vielfalt und von Verhaftungen zu befreien: Mantra-Wiederholung, das Studium der Schriften, Selbstanalyse. Ständiges Praktizieren ist nötig, um diese Art von Freiheit zu erreichen, die nirgendwo anders gefunden werden kann als im eigenen Geist.

KARMA

Das Sanskrit-Wort ‚Karma' steht für ‚Ursache und Wirkung'. Karma bedeutet körperliche und geistige Handlung, sowohl in der gegenwärtigen als auch in vergangenen Inkarnationen. Es bezieht sich nicht nur auf die Handlung selbst, sondern auch auf die Ergebnisse, die die Handlungen verursacht. Es ist das Gesetz der Kausalität: Überall dort, wo eine Ursache ist, wird eine Wirkung folgen. So wie aus dem Samen der Baum hervorkommt, ist auch der Baum die Ursache des Samens. Es besteht eine endlose universelle Kette. Kein Phänomen ist von diesem mächtigen Gesetz ausgeschlossen. Nichts kann ohne eine Ursache geschehen, und dies gilt sowohl für Kriege, Erdbeben oder Seuchen, wie auch für Krankheiten, Glück und Unglück. Das Gesetz von Aktion und Reaktion ist immer da, wobei die Art und Stärke der Wirkung genau der Reaktion entspricht. Aber es sind nicht nur die körperliche Aktionen, die eine Reaktion verursachen; jeder Gedanke, jeder Wunsch und jede Idee hat eine entsprechende Reaktion. Es ist nicht Gott, der über eine Belohnung oder eine Bestrafung entscheidet. Die Wirkung wird durch unser eigenes Karma bestimmt. Niemand außer uns selbst kann dafür verantwortlich gemacht werden.

Untrennbar verbunden mit dem Gesetz von Ursache und Wirkung ist das Gesetz der Kompensation. Wenn ein Same aufbricht, ist dies kein Verlust. Entsprechend dem Gesetz der Kompensation besteht überall in der Natur Gleichgewicht, Frieden und Harmonie.

Denken ist das eigentliche *Karma*. Wenn *Ahimsa* und *Satya*, also Gewaltlosigkeit und Wahrhaftigkeit die geistige Grundlage des Denkens sind, wird sich auch *Ahimsa* und *Satya* im Leben dieser Person manifestieren. Wenn andererseits *Himsa* oder Gewalttätigkeit die Grundlage des Denkens ist, wird man ständig mit Gewalt konfrontiert werden. Das Sprichwort sagt: „Man erntet, was man sät." Der Mensch selbst ist verantwortlich, es gibt es keinen übergeordneten Gott, der Gewalt veranlasst.

Die Ursache jeder ausgeführten Handlung ist der Gedanke. Man denkt: „Ich würde gerne einen Vortrag über *Yoga* hören", und schließlich findet man sich in einem *Yoga*-Zentrum wieder, meldet sich an, zieht sich um und sitzt in einem Vortrag. Am Anfang war der Gedanke, und als Reaktion kommt es zu einer ganzen Reihe von Handlungen und Ereignissen, die den Gedanken umsetzen.

Es gibt drei Arten von *Karma*:

1) *Sanchita – Karma*, das sich in der Vergangenheit und in allen früheren Inkarnationen angesammelt hat und sich in Form von Charakter, Talenten oder Tendenzen manifestiert.

2) *Prarabdha* – der Teil des *Karmas* aus der Vergangenheit und früheren Inkarnationen, der für die gegenwärtige Inkarnation verantwortlich ist. Es muss erfahren und ausgelebt werden: ,Schulden' aus der Vergangenheit werden zurückgezahlt. Das *Prarabdha-Karma* wird von den stärksten und am meisten vorherrschenden Gedanken des ganzen Lebens bestimmt, insbesondere zur Zeit des Todes. Wenn beispielsweise Reichtum, Karriere usw. das Hauptinteresse waren, wird man vermutlich in diesem Leben wieder eine Karriere beginnen müssen und nach Reichtum suchen müssen. Dies ist weder positiv noch negativ ist, es ist einfach so wie es ist. Und es ändert sich auch nicht. Diese besondere Gabe, diese Tendenzen und der Charakter sind da. Sie beeinflussen auch die spezifischen Umstände in der gegenwärtigen Inkarnation – Familie, Geographie, gesellschaftliche Stellung, etc. *Prarabdha-Karma* zeigt sich auch in Form von bestimmten Problemen und Schwierigkeiten; dies sind Probleme, die in einem früheren Leben nicht bewältigt wurden.

3) *Agami-Karma* wird in der gegenwärtigen Inkarnation verursacht. Zwar kann *Prarabdha-Karma* in keiner Weise verändert werden, da es die Voraussetzung für unsere Erfahrungen ist. Aber *Agami-Karma* liegt in unseren Händen, denn es entsteht aus der Art und Weise, wie wir auf Umstände reagieren, die durch *Prarabdha-Karma* entstanden sind.

EIGENE ANSTRENGUNG UND VERGANGENE HANDLUNGEN

Purushartha und *Prarabdha* sind zwei Aspekte des kosmischen Gesetzes: *Purushartha* ist die individuelle Anstrengung, die man in Übereinstimmung mit *Dharma*, der universellen Ordnung und der eigenen Pflicht, macht. *Prarabdha* ist der Teil des *Karmas*, der für die gegenwärtige Inkarnation verantwortlich ist. *Prarabdha* kann nicht geändert werden, aber *Purushartha* bestimmt die Zukunft, es ist die Basis für *Agami-Karma*.

Yoga-Praxis ist *Purushartha*, ein Versuch, ungünstiges *Prarabdha* zu kompensieren; *Prarabdha* mag zwar sehr mächtig sein, aber *Yoga* ist noch mächtiger. *Prarabdha* ist das Resultat der Vergangenheit, aber die Zukunft liegt in unseren Händen: Das Schicksal kann verändert werden, wenn die eigenen Handlungen aus freiem Willen entstehen. Dafür braucht man Unterscheidungskraft, Gelassenheit, Einsicht, Enthusiasmus, einen mutigen Geist, einen Geist, der frei von Schüchternheit ist und bereit ist, Fehler zu machen und mit den Fehlern umzugehen. Aus diesem Blickwinkel sieht man über Kategorien wie Erfolg oder Misserfolg hinaus. Diese Perspektive kann Wunder wirken. Selbst der Einfluss negativer Planeten kann durch starke Willenskraft verhindert werden, und es ist möglich, die Natur, Elemente, dunkle Kräfte und negative Einflüsse umzuwandeln.

Karma ist unsere eigene Schöpfung, und somit kann es durch richtiges Denken und Handeln vernichtet werden. *Tapas*, Disziplin, Konzentration, *Sattva* (Reinheit) und Meditation unterstützen kraftvolle Gedanken, die wiederum *Purushartha* ermöglichen. Der Mensch hat einen freien Willen und entscheidet in jedem Moment, wie er auf das *Prarabdha-Karma* reagiert. Die Willenskraft wird von egoistischem Denken geschwächt. Wir selbst erschaffen unsere melancholischen Gefühle, unsere Trauer und unser Elend.

17

Wir sind nicht die Opfer unserer Umwelt und Umstände. Ganz im Gegenteil, wir sind die Architekten unseres eigenen Schicksals; wir haben die Möglichkeit von *Purushartha*, der eigenen Anstrengung. Der ‚Charakter' einer Person entsteht entsprechend der Anwendung der *Yamas* und *Niyamas*; der Charakter bestimmt das Schicksal.

Das Gesetz des *Karmas* ist unerbittlich, aber es gibt immer noch Raum für die eigene Anstrengung oder *Purushartha*. Dies beinhaltet, was wir ‚göttliche Gnade' nennen könnten. Die eigene Anstrengung von heute ist das Schicksal von morgen. Man könnte sagen, dass *Purushartha* und Schicksal ein und dasselbe sind. Die Gegenwart wird zur Vergangenheit, und die Zukunft wird zur Gegenwart. Aber das einzige, was zählt, ist in der Tat nur *Purushartha*, die eigene Anstrengung. Wir können die Vergangenheit begraben. Wenn Göttlichkeit durch einen Menschen arbeitet, sehen wir *Purushartha*, die eigene Anstrengung und wir nennen es dann ‚Gnade'.

DIE VIER MITTEL ZUR BEFREIUNG

Die Aussage der *Upanischaden* ist: „Wer mit den vier Mitteln ausgestattet ist, kann Selbstverwirklichung erreichen." Um die *Upanischaden*, die Texte des *Jnana*, des Wissens, intuitiv zu verstehen, muss man diese vier Mittel kultivieren. Sie sind *Viveka*, richtige Unterscheidungskraft, *Vairagya* Leidenschaftslosigkeit, *Shatsampat*, ‚der sechsfache Schatz' der Tugenden, was hier vor allem Selbstkontrolle bedeutet, und schließlich *Mumukshutva*, die Sehnsucht nach Befreiung. Wir sehen, dass die *Upanischaden* kein einfaches Einführungsbuch in *Yoga* sind. Swami Vishnudevananda sagte, dass das Studium dieser Art von Weisheit den Geist püriert, als ob man ihn in einen Mixer gäbe. Man erfährt dabei eine gründliche Reinigung aller *Koshas* oder Schichten. Das Studium der *Upanischaden* ist geeignet für Menschen, die eine Vorbereitung durchlaufen haben, die sich mit den vier Mitteln zur Befreiung qualifiziert haben – *Viveka*, *Vairagya*, *Shatsampat* und *Mumukshutva*.

Das erste Element des *Shatsampat* ist *Sama*, Ruhe oder Gelassenheit. Diese Ruhe ist nicht einfach zu erreichen, denn wir können hier nicht in Kontakt mit den *Indriyas*, den äußeren Sinnesobjekten verweilen. Diese Kontrolle der *Indriyas* kann nicht ohne *Viveka* und *Vairagya* perfektioniert werden, denn wir müssen abwägen: „Soll ich in diese Richtung gehen oder nicht? Werde ich dieses Eis essen oder nicht? Werde ich diesen Gegenstand kaufen oder nicht? Benötige ich ihn? Inwieweit kann er mir nützlich sein?" *Sama* bringt auch das Bewusstsein, dass es normal ist, dass die Sinne uns nach außen ziehen und dass wir daher den Geist einsetzen müssen, unsere Bildung, unsere Praxis, unser *Sadhana* und unser *Yoga* anwenden müssen, um den Kontakt mit den Sinnen zu verringern oder sogar zu unterbrechen

Als Swami Vishnudevananda in Québec, Kanada ankam, erwarb er ein Stück Land im Norden von Montreal und gründete dort unseren Hauptsitz. Die Grundstückspreise waren damals sehr günstig und so entstand ein großer *Ashram* mit weiten Waldflächen in den Laurentian Mountains. Eines Tages sagte Swamiji: „Wir werden *Sama* aufbauen." Damals hatten die meisten von uns keine Ahnung von *Shatsampat* oder *Sama*. Wir dachten, dass es dabei einfach um eine Gemeinschaft ging, in der man ein Grundstück kaufen kann, um dort sein Haus zu bauen und zu leben. Inzwischen gibt es dort etwa zehn oder fünfzehn Häuser. Das Gelände wurde mit Strom und Wasser erschlossen, und enge Mitglieder, die in der Nähe des *Ashrams* leben möchten, können dort hinziehen. Man kann einfach zu Fuß zum *Ashram* gehen, dort essen, beten, in den Tempel gehen und dann wieder zurück nach Hause gehen. Der offizielle Name ist ,Sivananda Ashram Members Association (SAMA)'. Swamiji nannte es *Sama*, einen Ort der Ruhe und Gelassenheit. Es gibt derzeit noch mehrere freie Grundstücke.

Das zweite Element von *Shatsampat* ist *Dama*. *Dama* bedeutet Kontrolle der *Indriyas* oder Sinne. Sie sollten unsere Diener werden, so dass wir sie jederzeit einsetzen können, wenn wir sie brauchen. Und wenn wir sie nicht brauchen, sollten sie ruhig bleiben. *Dama* bedeutet auch geistiger Frieden. Diese innere Ruhe tritt sofort ein, sobald es den Sinnen nicht mehr gestattet ist, sich nach außen zu wenden, was sie ja sonst im Alltag immer tun.

Reklame wirbt nicht wirklich für ein Produkt. Sie wirbt für das Gefühl des Produktes, einen Geruch, das Aussehen, usw. Werbung benutzt die *Maya* oder Illusion, sie zieht uns nach außen, fängt uns über die *Indriyas* ein, bis wir sagen: „Das brauche ich jetzt! Ich brauche dieses Auto, denn dann werde ich modern aussehen." Wir bemerken dabei nicht, wie die Welt mit unseren *Indriyas* spielt, es sei denn wir wenden *Sama* und *Dama* an. Die Sinne sind in jedem Menschen tief verwurzelt. Es ist nicht einfach, sich von ihnen zu lösen. Man kann nur immer weiter daran arbeiten.

Das dritte Element des *Shatsampat* ist *Uparati*, sich Abwenden von sinnlichen Genüssen. Dies erfordert die Einsicht, dass sinnliche Genüsse unwirklich sind. Diese Einsicht kommt, wenn *Viveka* und *Vairagya* stärker werden. Sie führt einen näher zum Zustand der Entsagung. Dies passiert nicht schnell, es ist eine lange, tiefe und allmähliche Entwicklung. Sie erfordert auch das Verzichten auf die Frucht der Handlungen. *Uparati* bedeutet, den Geist von sinnlichen Genüssen abzuwenden. Der Geist ruht dann in der Entsagung. Egal ob man nun offiziell ein Mönch oder *Sannyasin* ist oder nicht, man erkennt, dass die Sinneseindrücke unwirklich sind.

Das vierte Element heißt *Titiksha*, die Kraft der Ausdauer. Dies ist wiederum nicht einfach, weil die Gegensatzpaare ständig am Werk sind: Es gibt Dunkelheit und Licht ist, es gibt Hitze und Kälte, und es gibt Schmerz und Freude. So ist das Leben. Wenn jemand meint, das Leben sollte nur aus Vergnügen bestehen, betrügt er sich selbst. Manche Menschen praktizieren *Yoga*, weil es als Weg zu bester Gesundheit oder Wohlbefinden beworben wird: „Übe *Yoga* und Du wirst immer gesund sein", oder „Übe *Yoga* und alle Deine Probleme werden verschwinden." Ich würde sagen, dass die Probleme erst anfangen, wenn man *Yoga* zu üben beginnt, denn es ist nicht einfach die Kraft der Ausdauer zu entwickeln. Man hört die Lehren von *Yama*, *Niyama*, *Asana*, *Pranayama*, von dieser Vede und jener Vede, von *Raja-Yoga*, *Bhakti-Yoga*, *Jnana-Yoga*, *Karma-Yoga*, man hat bereits mehrmals die *Bhagavatam* gehört, man hat die *Bhagavad Gita* von vorne bis hinten gelesen, und sagt dann: „Was gibt es Neues, ich habe bereits alles gehört?!" Dann verlässt man *Yoga* und sagt: „*Yoga* ist langweilig, gibt es nicht etwas Neues?" Man braucht im *Yoga* viel Ausdauer, denn es geht darum, ein intuitives Verständnis der Lehre zu erreichen, und das ist sehr schwierig. Ich spreche aus eigener Erfahrung. Zwanzig Jahre lang hörte ich Swami Vishnudevanandas Vorträge, sie waren immer mehr oder weniger dieselben. Jetzt schätze ich sie sehr, aber damals dachte ich: „Es gibt wirklich nichts Neues, eigentlich ist alles schon gesagt worden." Der Geist schaltet ab, wenn die Lehren schwieriger werden, wenn sie sich wiederholen, wenn man tatsächlich an sich arbeiten muss. Ein echter Suchender ist geduldig und akzeptiert die Gegensatzpaare, er beschwert sich nie, er weiß, dass alles dem Naturgesetz entspricht: Es gibt Licht und es ist gibt Dunkelheit, es gibt Regen und es gibt Sonnenschein, gibt Krankheit und es gibt Gesundheit. Die Weisen beschweren sich nie, sie verstehen die Situation und schreiten mit Ausdauer und Geduld voran. Ausdauer ist nicht einfach, aber sie ist notwendig.

Das fünfte Element ist *Sraddha*, intensiver Glauben. Wir haben von Swamiji gelernt niemals blinden Glauben zu haben. Einfach an eine Religion oder an religiöse Traditionen und an gesellschaftliche Gebräuche zu glauben, kann einem keinen wirklichen Glauben und spirituellen Fortschritt bringen. Wenn wir aber Glauben an die Worte der Schriften haben oder an jemanden, an den man glaubt, den *Guru* oder Lehrer, wird es zu einer eigenen inneren Erfahrung. Es wird zu wirklichem Glauben, der auf präziser Logik und Erfahrung beruht. Solch ein Glaube kann wachsen und wird von Dauer sein.

Das sechste Element ist *Samadhana*, geistige Ausgeglichenheit durch Aufmerksamkeit, durch richtige Konzentration. Dies bedeutet nicht, dass man keine Zweifel mehr hat oder dass die Sinne sich nicht mehr nach außen wenden, aber man behält die Kontrolle, man weiß, dass dies geschieht. Wenn man sich darauf vorbereitet, *Brahman* und *Atman* oder das Selbst zu verstehen, und wenn man *Samadhana* erreicht hat, ruht man in geistiger Ausgeglichenheit durch Aufmerksamkeit, durch Wissen. Man weiß: „Es erwartet mich an jeder Ecke." Man wendet dann all die verschiedenen *Yoga*-Praktiken an, der Geist ist kontrolliert, weil er sozusagen mit einem Spamfilter versehen wurde. Im Zustand von *Samadhana*, landen die ständig an uns ziehenden *Indriyas* im Spamfilter. Sie können den *Atman* und den daraus resultierenden höchsten geistigen Frieden nicht berühren. Es ist ein herrlicher Zustand!

Die vier Mittel zur Befreiung sind: *Viveka, Vairagya, Shatsampat* und *Mumukshutva*, der brennende Wunsch nach Befreiung.

JAGAT – DIE VERGÄNGLICHE WELT

Jagat, die vergängliche Welt, erscheint wirklich, so lange das Ewige nicht als die einzige Wirklichkeit erkannt wird, neben der es keine andere Wirklichkeit gibt. Die Welt erscheint wirklich, so wie das silbern schimmernde Perlmutt wie Silber aussieht.

Jagat ist ein sehr wichtiges Konzept des *Vedanta*. Es geht hier nicht nur um die äußere Welt der Wahrnehmung, sondern um unsere gesamte Erfahrung in all ihren Zuständen: dem Wachzustand, dem Traumzustand und dem Tiefschlaf. *Jagat* wird durch verschiedene Filter und Schleier wahrgenommen. Das sind die *Upadhis*, die körperlich, geistig oder intellektuell sein können, und tatsächlich zu existieren scheinen, als wären sie *Satya*, das Unendliche und Unveränderliche. Wir sagen: „Das Wetter ist schön", aber wir wissen auch, dass es wieder kalt werden wird. Dies zeigt, dass diese ‚Wirklichkeit' endlich ist und somit nicht *Satya*.

Jagat **scheint** wirklich zu sein. Das, was wahrgenommen wird, **scheint** wirklich zu sein. Die gesamte Erfahrung der Objekte durch die Sinne, mit denen wir uns ständig identifizieren, **scheint** wirklich zu sein. So ist das Leben. Wir werden ständig von den fünf Sinnen herausgefordert, den Emotionen, dem Geist, von Ideologien, Charakter, Intellekt, von der gesamten Erfahrung des physischen, astralen und kausalen Körpers. *Jagat* ist die gesamte Erfahrung der physischen, astralen und kausalen Ebenen, so definiert es Swami Vishnudevananda in seinem ‚Großen Illustrierten Yogabuch'. *Jagat* ist das, was in Form von Wirklichkeit als *Satya* erscheint. Es erscheint so lange als wirklich, bis *Brahman* als die allumfassende Existenz erkannt wird; dann gibt es *Jagat* nicht mehr.

Dieses Konzept wird in der *vedantischen* Analogie von Stein und Hund beschrieben: Man sieht den Hund aus der Ferne, ohne zu wissen, dass er aus Stein ist, und man hat Angst. Wenn man vorsichtig näher kommt, erkennt man, dass der Hund aus Stein ist. Die Angst verschwindet, der Hund verschwindet, aber der Stein bleibt. Das gleiche gilt für *Jagat*: so lange man *Jagat* für die Wirklichkeit hält und sich mit weltlichen Dingen, mit Materie identifiziert, wird man nur Materie sehen, nicht *Brahman*.

Sobald man erkennt, dass *Jagat* nicht die Wirklichkeit ist, sieht man nur *Brahman*. Das bedeutet, dass der Schleier entfernt werden muss, und dafür muss immer wieder diese Frage gestellt werden: „Was ist Wirklichkeit, was ist nicht Wirklichkeit?" *Jagat* scheint wirklich zu sein, so wie der Hund aus Stein so lange wirklich zu sein scheint, wie man noch nicht erkennt, dass es ein Stein ist. Genau so scheint das Seil eine Schlange zu sein, solange wir nicht wissen, dass es ein Seil ist, und der Traum scheint wirklich zu sein, so lange wir träumen. Erst wenn wir aufwachen, sehen wir klar, dass der Traum unwirklich ist, eine Illusion.

DIE SCHLEIER DER UNWISSENHEIT

Meister Sivananda sagte oft, dass es nicht genug ist, nur ein guter Mensch zu sein. Diese Aussage ist fast eine Provokation, denn es ist schon schwer genug, ein guter Mensch zu sein. Es ist nicht genug, um *Avidya*, den Schleier der Unwissenheit, zu überwinden, aber es ist eine Voraussetzung. Keine Handlung kann *Avidya* überwinden. Aber die Art und Weise, wie die Handlung durchgeführt wird, wird genau untersucht. Die Antwort hierfür kann in Schriften wie der *Bhagavad Gita*, der *Ramayana* und der *Srimad Bhagavatam* gefunden werden. Eine Handlung kann entweder selbstlos und liebevoll vollbracht werden oder mit der Erwartung, dass man etwas im Gegenzug für die Handlung erhält. Gutes tun genügt nicht, um den Schleier der Unwissenheit zu lüften, die den *Atman* umgibt.

Doch sobald der Schleier der Unwissenheit fällt, wird auch *Vairagya* (Leidenschaftslosigkeit), *Viveka* (Unterscheidungskraft), *Tapas* (Selbstdisziplin), Großzügigkeit und auch die Handlung an sich in einem anderen Licht gesehen. So wie sich die Sonne manchmal hinter den Wolken versteckt, aber immer gleich stark scheint, so strahlt auch der *Atman* immer gleich, selbst wenn der Schleier der *Upadhis* ihn als dunkel erscheinen lässt. Sobald durch *Tapas*, *Vairagya*, *Viveka* usw. der Schleier angehoben wird, wird der strahlende *Atman* wieder erkannt und Befreiung wird erlangt. Dann ist man unberührt von den ständigen Veränderungen des Lebens, man kennt keine Trauer mehr. Man ist nicht mehr ehrgeizig und handelt aber dennoch weiter, scheinbar unverändert, so wie vor dem Erlangen der Selbstverwirklichung.

Das Ziel ist Nicht-Handeln im Handeln – Handeln ohne Verhaftung, sondern mit Wissen, mit Weisheit und aus Liebe für die Handlung selbst, nicht um etwas dafür zu erhalten oder um berühmt zu werden. Man handelt einfach nur, weil etwas getan werden muss, aus Liebe. Das ist die wahre Bedeutung von *Bhakti-Yoga* und natürlich auch ein Teil des *Jnana-Yoga* oder *Vedanta*. Nichts geschieht ohne Liebe. Liebe ist Geben, Großzügigkeit und Geduld. Liebe ist Handlung, die aus Wissen kommt.

Die Sonne muss nicht zum Strahlen gebracht werden, sie strahlt immer, auch wenn sie hinter den Wolken versteckt ist. Genauso strahlt das wahre Selbst, die Seele, der *Atman*. Er befindet sich hinter den *Upadhis*, die sehr feinstofflich sein können. Die Identifikation mit den Hüllen, mit den drei Körpern, ist *Avidya*, Unwissenheit oder Fehlen von Wissen.

Das Selbst ist unendlich und kennt keine Vielfalt, im Selbst gibt es keine Unterschiede. Deshalb kann der endliche Geist, *Manas*, es nicht erfassen. Schriften wie das *Atma Bodha* sagen: „Selbsterkenntnis kann nur durch direkte Erfahrung erreicht werden." Das Loslösen von weltlichen Dingen ist eine Voraussetzung, also die Praxis von *Vairagya*. Das beseitigt die Schleier oder *Uphadis* wie die Wolken, und die Sonne, das Selbst, wird sichtbar. Das ist Selbstverwirklichung.

DIE MAHAVAKYAS – DIE GROSSEN AUSSAGEN

1) **Prajnanam Brahma** – Bewusstsein ist *Brahman* (*Aitareya-Upanishad* 3.3, *Rigveda*)

2) **Ayam Atma Brahma** – Dieses Selbst (*Atman*) ist *Brahman* (*Mandukya-Upanishad* 1.2, *Atharvaveda*)

3) **Tat Tvam Asi** – Du bis Das (*Chandogya-Upanishad* 6.8.7, *Samaveda*)

4) **Aham Brahmasmi** – Ich bin *Brahman* (*Brihadaranyaka-Upanishad* 1.4.10, *Yajurveda*)

Dies sind die *Mahavakyas*, die ‚Großen Aussagen' der *Upanischaden*. Man muss sich vorbereiten, um sich ihrer tiefen Bedeutung zu nähern. Der Kontakt mit anderen Praktizierenden, sowie das Lesen oder Hören von Erfahrungsberichten bestätigt uns, dass wir auf dem richtigen Weg sind. Wir erkennen, dass jeder auf die eine oder andere Art auf dieselben Probleme trifft. Dann ist man bereit für die Meditation auf *Vidya* oder Weisheit. Die Gedanken sind immer noch da, aber es sind die aller positivsten Gedanken, die *Mahavakyas*. Der Geist ist nun gereinigt und konzentriert sich nicht nur auf ein höheres Objekt, er ist auf *Vidya* gerichtet, auf allumfassende Weisheit.

„*Tat Twam Asi*" – „Du bist Das" ist die Essenz der Essenzen, *Atman*, die einzige Wirklichkeit. Dies ist ein sehr hohes Konzept, man könnte es als ‚fortgeschritten' bezeichnen, weil einige Vorbereitungsarbeiten bereits stattgefunden haben: theoretische Studien, *Asanas*, *Pranayama*, vegetarische Ernährung, selbstloser Dienst, Praktiken der Verehrung der göttlichen Energien. Sie alle bereiten einen auf das Studium der *Upanischaden* vor, so dass die Idee „Alles ist Eins" akzeptiert werden und es schließlich zur Identifikation mit diesem Konzept kommen kann.

Die nicht-dualistische Philosophie oder *Vedanta* sagt: „Du bist die innerste Essenz, und die Essenz aller Essenzen ist *Atman.*" *Vedanta* erklärt *Brahman*, und wer dies akzeptieren kann und ausgebildet ist, um über diese Konzepte nachzudenken, wird wunderbare Meditationen erleben. Es gibt keinen Grund mehr, sich zu ärgern oder ängstlich oder eifersüchtig zu sein, denn es existiert nur noch die Einheit. Es ist sehr beruhigend für den Geist, es ermöglicht wahre Liebe, es gibt kein Wettbewerbsdenken mehr, denn es ist nur noch die Einheit vorhanden, tatsächlich praktizierte Einheit. Wer diese Art von Meditation regelmäßig praktiziert, reinigt den Geist und findet eine neue Einstellung zum Alltag. Man versteht, dass man nicht das Zentrum der Welt ist, sondern dass alles eins ist, dass alles das Universum ist.

Nach Swami Sivananda ist der Satz „*Tat Twam Asi*" die höchste Aussage. Eine sehr kurze Formel, ein Samenkorn, aus dem sich alles Wissen oder *Vidya* entfalten und das Bewusstsein verändern kann. Dieser sehr einfache Satz ist ein vollkommener Ausdruck des Weges und der Wahrheit. Er beruhigt und gibt unglaubliche spirituelle Kraft, denn es wird deutlich, dass der Körper nicht alles ist, dass es etwas darüber hinaus gibt, und dass eigentlich nichts jemals verschwindet, alles ist nur in einem Prozess der Veränderung.

Tat Twam Asi ist eine harte und direkte Aussage und lehrt *Vidya* oder Weisheit; wenn keine Emotionen mehr die Wahrheit verdecken, ist sie oft schwer zu akzeptieren. Swami Vishnudevananda sagte öfters: „Eigentlich essen wir alle unsere Vorfahren", und veranschauliche es so: „Ich esse eine Tomate. Wenn ich sterbe und begraben werde, kehren die fünf Elemente meines Körpers zurück zur Erde. Auf meinem Grab wächst eine Tomatenpflanze und holt sich ihre Nahrung aus der Erde, in die sich mein physischer Körper verwandelt hat. Die Pflanze nimmt sich die Nahrung, die ich zuvor aufgenommen hatte."

Tat Twam Asi führt zu Nachdenken und diese Art des Nachdenkens entwickelt das Bewusstsein. Dabei bleiben die Erklärungen und Unterweisungen des Lehrers oder *Gurus* immer wichtig. In unserer Tradition verweisen wir auf die Bücher von Swami Sivananda, dessen Weisheit von Swami Vishnudevananda in eine leicht anwendbare und praktikable Methode übersetzt wurde. *Satsang* („in der Gesellschaft der Wahrheit sein") hilft, weil das wiederholte Hören und die Betrachtung des Gehörten direkt die innere spirituell Kraft weckt, mit der das Gewicht des täglichen Lebens getragen werden kann.

Das Studium der Weisheit der *Upanischaden,* konzentriert in den *Mahavakyas,* lädt uns zu einer Kontemplation ein: Was ist wirklich und was ist unwirklich, was verändert sich und was ist unveränderlich. Was am Ende bleibt, ist das Nichts, was man auch *Atman* oder *Brahman,* das Selbst, die Seele nennt.

Scheinbar so wirkliche Dinge verändern sich und vergehen. Auf diese Tatsache reagieren wir mit Leiden. Ziel der Meditation ist es, dieses Leid zu lindern, zu erkennen, dass nichts existiert außer dem *Sat,* dem Absoluten, der Essenz des Universums, und dass wir genau das sind.

Swami Vishnudevananda erklärt diese Wahrheit mit einem sehr lebendigen Beispiel: Im Fall einer Mehrfachtransplantation von Herz, Nieren, Armen, Beinen oder sogar des Gesichts, wird die Person jemand anderes? Das Konzept des „Ich" hat sich nicht geändert. Der Körper ist nur das Instrument, mit dem Erfahrungen wie Sprechen, Gehen, Essen, Riechen, usw. gemacht werden. Der Körper ist eine Notwendigkeit, so wie das Auto zum Fahren notwendig ist. Aber irgendwann erreicht der Verstand seine Grenzen. Die *Mahavakyas* sagen, dass wir nicht das sind, was wir meinen zu sein. Wir sind etwas, das weit darüber hinausgeht. Dieses begrenzte Denken muss aufhören. In der Betrachtung der *Mahavakyas* kommt der Meditierende schließlich zu dem Schluss, das wirklich alles eins ist, dass nur das absolute Sein existiert.

Wenn diese Wahrheit erkannt ist, wie kann man dann jemand verletzen? Es ist nicht anders, als wenn man sich selbst verletzte. Die Meditation auf die *Mahavakyas* führt uns aus dem üblichen Ich- und Mein-Denken heraus. Man erkennt, dass ein sogenannter Herr oder eine sogenannte Frau So-und-So nur ein Instrument ist. Dann kann die Identifikation mit dem *Atman* wirken: *„Aham Brahmasmi"* – „Ich bin *Brahman.*"

Man sollte nie vergessen, dass ein intellektueller philosophischer Ansatz nicht ausreicht. Gleichzeitig müssen die bewährten Techniken angewandt werden, die den Geist vorbereiten. Gewohnheiten müssen verändert werden, Einstellungen müssen überarbeitet und Emotionen kontrolliert werden, sonst werden das Studium und die Meditation über die *Mahavakyas* nicht fruchtbar sein. *Hatha-Yoga*-Techniken und *Karma-Yoga* oder selbstloses Dienen sind die Vorbereitungen. Dann wird der Geist sich expandieren, er wird verstehen, dass er nicht das ist, was er meinte zu sein, er öffnet sich wie eine Kokosnuss. Es ist nicht einfach, eine Kokosnuss zu öffnen, aber es ist möglich.

ATMA BODHA VON SRI SHANKARACHARYA

Sri Shankaracharyas ‚Atma Bodha' ist eine der anspruchsvollsten Schriften des *Vedanta.* Das einzige Thema ist die Selbstverwirklichung, die aus allen möglichen Perspektiven diskutiert wird. ‚*Atma*' bedeutet ‚das Selbst', ‚*Bodha*' bedeutet ‚Erkenntnis', Verwirklichung durch Weisheit, nicht durch Handlungen. *Shankaracharya* komponierte die Schrift in 68 Versen. ‚Komponieren' ist der richtige Begriff, denn die Sanskrit-Verse sind sehr melodiös. Sie sind inspirierend und erhebend, selbst wenn man sie nur hört, ohne sie zu verstehen. Man sagt, es ist *Shankaracharyas* melodiöseste Schrift.

Shankaracharya war ein hervorragender *Vedantin.* Er widmete diese Komposition der Göttlichen Mutter. Es gibt dabei keinen Widerspruch. *Shankaracharya* praktizierte *Bhakti,* Rituale, Zeremonien, *Pujas* und Anbetung, denn auch das Herz eines *Vedantin* muss erhalten, was es braucht. Es gibt keinen Widerspruch zwischen den verschiedenen Wegen. Jeder kann sich individuell für einen Hauptweg entscheiden, aber das Studium von *Vedanta* ist immer die notwendige Basis für den Fortschritt; selbst der überzeugteste *Bhakta* (Verehrer) muss verstanden haben, dass Gott überall ist, und daher auch in der Statue im Tempel.

Die Wurzeln aller vier Yogawege (*Bhakti, Raja, Karma, Jnana*) findet sich in den *Veden.* Im *Jnana-Yoga* ist die Selbstverwirklichung das einzige Thema: alles ist eins, alles ist *Brahman,* alles ist *Maya.* Wenn man das hört, könnte man sich ganz bequem zurücklehnen und sagen „Wenn alles *Brahman* ist, dann kann ich sowieso nichts tun." Diese Einstellung ist ein trauriger Fehler, denn man nähert sich dem Selbst durch das Nicht-Selbst. *Atma Bodha* sagt sehr deutlich, dass es keine neue Erkenntnis zu erlangen gibt, sondern nur ein Wieder-Erkennen. In *Atma Bodha* beschreibt *Shankaracharya* das eigentliche Ziel des Lebens und erklärt, wie man es durch rein geistige und spirituelle Methoden und Techniken erreichen kann. Dies unterscheidet sich von anderen Wegen, wo man über Verehrung von Gegenständen und mit Handlungen zum Nachdenken gelangt. *Jnana-Yoga* besteht ausschließlich aus geistiger Anstrengung; es gibt hier keine grobstofflichen materiellen Gegenstände.

In der *Vedanta*-Philosophie liegt der goldene Schlüssel zur Selbstverwirklichung im Studium der *Shastras* oder Schriften, der *Veden* und der *Upanischaden.* Schriften wie *Atma Bodha, Viveka Chudamani, Panchadasi* oder

Tattva Bodha, werden *Prakarana* genannt. Sie enthalten die Weisheit der *Veden*, nämlich die Differenzierung zwischen der *Maya* und der Nicht-*Maya*.

Dabei gibt es gewisse Voraussetzungen mit denen der Suchende den größten Nutzen aus dem Studium einer Schrift wie *Atma Bodha* ziehen wird. Diese sind:

- *Viveka*: Unterscheidung zwischen dem Wirklichen und dem Unwirklichen.
- *Vairagya*: Verhaftungslosigkeit, zum Beispiel gegenüber ständig neu aufsteigenden und sich verändernden Emotionen.
- Tugenden wie Freundlichkeit, Reinheit, Gelassenheit, Glaube und Selbstdisziplin
- Ein ununterbrochener Wunsch nach Befreiung

Dieser Wunsch darf entwickelt werden, denn eigentlich ist er kein echter ‚Wunsch'. Meister Sivananda betonte dies: „Man kann sich nicht etwas wünschen, was man bereits ist." Aber der Wunsch, den Weg zu gehen, muss da sein. Das Ziel muss klar definiert sein, ebenso der ständige Wunsch, den *Atman* wiederzuentdecken. Nicht jeder auf dem spirituellen Weg hat diesen dringenden Wunsch. ‚Interessante' Dinge lenken den Geist ab und locken ihn weg vom Ziel.

Das Studium von Schriften wie *Atma Bodha* hilft, diesen Wunsch lebendig zu halten.

EIN EINBLICK IN DIE UPANISCHADEN

Die *Upanischaden* sind eine Sammlung philosophischer Texte des *Vedanta*, das auch „ Ende des Wissens" genannt wird. Sie lehren *Vidya*, Wissen. Damit ist nicht das Wissen über Autos, Gold, den Aktienmarkt, usw. gemeint, sondern Wissen im philosophischen Sinne über das Wirkliche und das Unwirkliche. Die *Upanischaden* wurden mündlich überliefert und vielfach kommentiert und erklärt. Viele westliche Philosophen schätzten die *Upanischaden* sehr, beispielsweise Emerson, Platon, Kant oder Schopenhauer, der sagte, die *Upanischaden* hätten immer auf seinem Schreibtisch gelegen.

Die beiden wichtigsten Wörter in allen *Upanischaden* sind *Brahman* und *Atman*. Die *Upanischaden* handeln von der Wahrheit von *Brahman* und *Atman*. Vom Standpunkt eines durchschnittlichen Verständnis gesehen sind diese Schriften voller Wiederholungen; es geht immer um die gleichen Themen: *Brahman, Atman*, Wahrheit, *Vidya, Vairagya, Viveka*. Erst mit einer gewissen Bewusstseinserweiterung kann man diese Schriften studieren und schließlich die Botschaft der *Upanischaden* intuitiv verstehen.

Brahman ist die universelle Seele, die universelle Wahrheit, und *Atman* ist das individuelle höhere Selbst in uns. *Brahman* ist unendlich, und *Atman* ist die unsterbliche vollkommene Seele in uns. *Atman* und *Brahman* sind eins. Dies ist die Essenz. Swami Sivananda sagt: „Es gibt kein Buch, das so berührend und inspirierend ist wie die *Upanischaden*. Sie enthalten die Essenz aller *Veden* und enthalten die direkte Erfahrung oder Offenbarungen der Seher, *Yogis*, Weisen und *Rishis*. Sie sind der Ausdruck der höchsten Weisheit."

Die *Upanischaden* sind der philosophische Wissensteil der *Veden*. Es gibt vier *Veden*: *Rigveda, Yajurveda, Samaveda, Atharvaveda*. Sie sind die tiefe Quelle der Erkenntnis des *Vedanta*. Auf die Frage ob wir die *Veden* studieren sollen, antwortete Swami Vishnudevananda: „Ihr habt dafür keine Zeit; man benötigt mehrere Leben, um die *Veden* zu studieren, konzentriert Euch daher auf das Wesentliche, konzentriert Euch auf die *Upanischaden*."

Das Wort *Veda* kommt von dem Wort ‚Vid', ‚Wissen', somit sind die *Veden* ‚Bücher der Weisheit'. Niemand schrieb die *Veden*, sie sind der direkte Ausdruck von Gott oder *Brahman*. *Rishis*, Seher, Wesen, die die niedere Natur überwunden hatten, erhielten dieses intuitive Wissen aus dem Mund Gottes. Hierfür kann kein Datum angegeben werden. Manchmal wird sogar gesagt, dass die *Veden* bereits vor der Schöpfung existierten. Das bedeutet, dass sie nicht von Menschen erschaffen wurden, ihr Ursprung geht weit darüber hinaus. Die *Veden* befassen sich mit der Philosophie des *Vedanta*, der alten Weisheit, *Jnana*, dem universellen Verständnis: „Wer bin ich und woher komme ich?" und „Ich bin eins mit Allem." Swami Sivananda sagt, dass das Wissen der *Upanischaden* die eigene Unwissenheit, *Avidya*, zerstört. Es handelt sich nicht um weltliche Unwissenheit bezüglich weltlicher Angelegenheiten, sondern um die Unwissenheit bezüglich unserer eigentlichen Identität und unserer eigentlichen Herkunft.

Der zentrale Unterweisung, die sich in allen *Upanischaden* wiederholt, ist: „Die endgültige Emanzipation kann nur durch die Kenntnis der letzten Wirklichkeit erreicht werden, *Brahma Jnana*, das Wissen von *Brahman*." Dies ist die Essenz aller *Upanischaden*.

YOGA UND DER GEIST

HIRANYAGARBHA – KOSMISCHE INTELLIGENZ

Es gibt eine Funktion des Bewusstseins, die Intuition genannt wird. Sie hat nichts mehr mit Gedankenabläufen zu tun und führt zu einer Ebene kosmischer Weisheit oder Intelligenz, die *Hiranyagarbha* genannt wird. Alles, was es zu lernen gibt, besteht bereits im Kosmos in Form von Energie. Es umfasst jeden Gedanken, der jemals gedacht wurde, sowie auch alle Erfindungen. Wem es gelingt sich über seinen eigenen ‚Schlamm' zu erheben und dabei die Geschwindigkeit des intellektuellen Denkens zu verringern, wird kosmische Bewusstsein, Intuition, erreichen. Hier können Fragen gestellt werden, deren Antworten aus der kosmischen Intelligenz kommen. Es ist die kosmische Intelligenz, die die Geburt ermöglicht, die die Blütenknospen öffnen und blühen lässt, die die Abläufe der Natur in ihrer Regelmäßigkeit, Schönheit und Weisheit führt. Wir sind Teil dieser kosmischen Intelligenz.

Wie finden wir den Zugang zu dieser kosmischen Intelligenz? Wie werden wir weise? Was bedeutet eigentlich Weisheit? Die Antworten auf diese Fragen finden sich im *Yoga*, im Jochen, im Verbinden von dem, was wir glauben zu sein, mit dem, was wir wirklich sind. Das ist *Yoga*, die Brücke des *Yoga*.

Man kann es erreichen, indem man das Unterbewusstsein positiviert, indem man die Gedanken lenkt und selbst entscheidet, was und wie man denkt, anstatt das Denken der jeweils vorherrschenden Gewohnheit zu überlassen. Dann sehen wir: „Ich bin der Fahrer dieses Fahrzeugs, ich bin nicht das Fahrzeug." Dann stellen wir die Frage: „Wer bin ich?"

Dies ist die eigentliche Ebene des Intellekts, eine Ebene, wo neue Informationen von Weisen erhalten wurden, die diese Informationen selbst im *Guru*-System veranschaulicht und gelebt haben. Man sollte diese Weisen wirklich als Beispiele betrachten. Wir mögen in unserem Leben bereits vom Beispiel verschiedener Vorbilder gelernt haben, aber sie haben uns nicht sehr weit geführt. Deshalb wenden wir uns neuen Vorbildern zu. Dies verlangsamt die innere Unruhe, der Geist wird still. Dann wird auch der Körper und der Atem ruhig, und *Hiranyagarbha*, die kosmische Intelligenz, kann wirksam werden. Wenn wir mit klaren Fragen in die Meditation gehen, dann werden wir zweifellos die Antwort finden. Das wird in der Tat eine wunderbare Hilfe im Alltag sein. Wenn man sich nicht sicher ist oder wenn die eigene Intuition noch nicht ausreichend entwickelt ist, kann man sich an Menschen um Führung wenden, die ein wenig weiter auf dem Weg sind. Durch regelmäßiges Praktizieren werden sich die eigenen Fähigkeiten entwickeln. Dann kann man selbst die Antworten auf die eigenen Fragen finden, man hat selbst den Zugang zu *Hiranyagarbha*.

DIE DREI EBENEN DES GEISTES

Raja-Yoga wird oft als die Psychologie des *Yoga* bezeichnet. Es erklärt drei Ebenen des Bewusstseins: Unterbewusstsein, Bewusstsein und Überbewusstsein oder Instinkt, Intellekt und Intuition. Das Unterbewusstsein ist sehr interessant, wichtig und hilfreich für die Gesamtentwicklung der Persönlichkeit. Hier ist alles aus früheren Inkarnationen gespeichert, selbst aus Leben in tierischen, pflanzlichen oder mineralischen Formen. Nach den *vedischen* Schriften werden bis zu 840.000 Existenzebenen durchlaufen, bis man überhaupt von Bewusstseins an sich sprechen kann. Somit ist das Unterbewusstsein eine enorme Sammlung von Dingen, deren wir uns jetzt nicht mehr bewusst sind und die irgendwann einmal an die Oberfläche des bewussten Geistes gelangen können, wo sie dann einzigartig und neu erscheinen mögen. Es ist eine der Funktionen des Unterbewusstseins, Dinge zu speichern, die einmal gelernt wurden. Wann immer nötig kann man sie wieder aktivieren. Beispiele sind Autofahren, Treppengehen, Lesen, Schreiben, etc. Diese instinktive Ebene, die auch im Tierreich vorhanden ist, macht den größeren Teil unserer täglichen Aktivitäten aus. Sehr oft denken wir, dass wir etwas Neues lernen. Tatsächlich kommen die Dinge aber aus dem Speicher des Unterbewusstseins.

Yoga vergleicht den Geist mit einem See, auf dessen Grund sehr viel Schlamm liegt. Dieser Vergleich ist wirklich sehr treffend. Wenn das Wasser in Bewegung kommt, wird der Schlamm aufgewirbelt und Dinge, die im Geist-See versteckt sind, können nicht mehr erkannt werden. Wenn es keine Wellen mehr gibt, wenn der See ruhig ist, kann der Grund mit allem, was dort ruht, deutlich erkannt werden. Die Wellen, die das Wasser bewegen, sind die Unmengen von ständig präsenten Gedanken: Erfüllte und unerfüllte Wünsche, Erinnerungen an die Vergangenheit oder Vorstellungen für die Zukunft. Nichts davon hat mit dem Hier und Jetzt zu tun. Es ist bezieht sich alles auf ‚mich und mein' und erscheint auf der Oberfläche, wenn der Verstand aufgrund mangelnder Unterscheidungskraft nicht entscheiden kann, was er denken und was er nicht zu denken soll. Wenn das Unterbewusstsein dominiert, hat die Vergangenheit das Wort, der Mensch wird durch sie manipuliert und ist nicht in der Lage, sein Leben zu verändern. Das Unterbewusstsein und das Bewusstsein arbeiten ständig zusammen, um neue Inhalte zu lernen. Dabei ist der bewusste Teil noch mehr im Hintergrund. Von ihm wird jetzt mehr Aktivität gefordert, und das erfordert Kraft, *Prana*, Selbstdisziplin, Regelmäßigkeit usw. Aus Trägheit nehmen wir meist Zuflucht in dem, was ,bereits bekannt ist', in der instinktiven Ebene. *Yoga* will den bewussten Verstand aktivieren, wie zum Beispiel bei den *Asanas*, wo man lernt, sehr präsent und konzentriert zu sein. Eigentlich sind die Bewegungen oder Stellungen gar nicht so kompliziert, aber während der Praxis lässt man sich leicht vom Unterbewusstsein ablenken.

Man sagt, dass die positiven Inhalte näher an der Oberfläche gespeichert sind, dass sie leichter aktiviert werden können und dass sich das Positive immer durchsetzt. Deshalb müssen positive Gedanken gepflegt werden, so dass sie schließlich im Unterbewusstsein landen. *Yoga* nutzt die Sublimierung des Unterbewusstseins. Dinge, die viele Leben lang gedacht oder getan wurden, können nicht in kurzer Zeit begradigt und sublimiert werden.

Gewohnheiten sind ein großes Hindernis, zugleich können sie auch sehr hilfreich sein. So muss man zum Beispiel nicht jeden Morgen seine Schritte neu planen. Nach einer Weile sind sie automatisch, man kennt sie. Genauso können positives Denken wie Mut und Mitgefühl zur Gewohnheit werden. Dann werden wir ein neuer, glücklicherer und friedlicherer Mensch. Oft sind Menschen unglücklich, weil sie das Leben aus dem Instinkt her leben, der aus dem Tierreich stammt. So markieren wir zum Beispiel unser Gebiet und beauftragen einen Architekten ein wunderbares Haus für uns zu planen, nur weil der Instinkt uns sagt: „Ich werde jetzt mein Nest bauen." Oder der Überlebensinstinkt, wenn Tiere Nahrung im Boden als Vorrat für den Winter verstecken. Wir benutzen dafür Kühlschränke. Das hat nichts mit Intelligenz zu tun. Die gelangt erst an die Oberfläche, wenn wir anfangen Fragen zu stellen wie: „Aber wer bin ich eigentlich? Bin ich das Wesen, das Häuser baut, Geld verdient, isst, schläft, Kinder hat und die Farben trägt, die in den Katalogen angegebenen sind? Bin ich das wirklich?" Mit dem Erscheinen dieser Fragen wird der Verstand unabhängig vom Instinkt, denn diese Fragen kommen aus dem reinen Intellekt, aus der Logik, aus der Unterscheidungskraft. Sobald wir uns ehrlich fragen: „Wer bin ich?" geben wir uns selbst die Möglichkeit, etwas anderes zu sein, als das, was wir meinten zu sein. Die Tatsache, dass sich die Frage überhaupt stellt, zeigt bereits, dass wir definitiv etwas anderes sind.

Hier beginnt der innere Weg, denn man erkennt, dass bisher das Unterbewusstsein dominant war und jetzt die mühevolle Arbeit der Sublimierung beginnen kann. Jetzt gilt es mit Hilfe des Intellekts, Positivität ins Unterbewusstsein zu bringen. Für diese Aufgabe braucht man Führung. Bücher studieren genügt nicht. Wir brauchen Führung von Menschen, die auf dem Weg bereits weiter fortgeschritten sind. Andernfalls besteht die Gefahr, auf die falsche Spur zu kommen und sich in Extremen zu verlieren. Man möchte sofort alles ändern, die Arbeit, die Familie, die Umgebung usw. Natürlich wird der Geist dagegen protestieren.

Die Unterscheidungskraft des Verstandes ist vorhanden, aber sie muss trainiert werden. Um zu entscheiden, was gut und was nicht gut ist, müssen wir lernen, uns selbst aus eine sehr neutralen Perspektive zu sehen. Besonders wenn Wünsche vorherrschend sind, muss der Intellekt besonders wachsam sein. Zum Beispiel der verständliche Wunsch, sich körperlich oder geistig besser zu fühlen: Man hat bereits eine Pille in der Hand. Nun meldet sich der Intellekt, spricht über Nebenwirkungen und suggeriert, dass gewisse Übungen hilfreich sein können. Allerdings wirken die Übungen langsamer und so erscheint es viel einfacher, nur die Pille zu nehmen. Dem Wunsch sich so schnell wie möglich besser zu fühlen, steht jetzt die Logik gegenüber, die uns sagt, dass der einfache Weg zwar verlockend ist, aber negative Aspekte haben kann und dass letzten Endes nur der gute, aber längere und anspruchsvollere Weg zur gewünschten und dauerhaften Wirkung führt.

Wenn es uns gelingt, uns über den eigenen ‚Schlamm' zu erheben und unsere Gedanken zu verlangsamen, werden wir irgendwann Zugang zum kosmischen Bewusstsein erlangen, zur Intuition, zum *Hiranyagarbha*, in dem alle Antworten gefunden werden können. Um dies zu erreichen, muss das Unterbewusstsein sublimiert werden und mit Positivität gefüllt werden.

Letzten Endes müssen alle Ebenen des Bewusstseins transzendiert werden: Unterbewusstsein oder Instinkt, der bewusste Geist oder Intellekt und auch der überbewusste Geist oder die Intuition. Die Sublimierung des Unterbewusstseins ist tatsächlich der schwierigste Teil. Der Intellekt ist in der Regel am aktivsten während der Lernzeit des Lebens, aber sobald Schule, Studium und Berufsausbildung abgeschlossen sind, übernimmt meist wieder

der Automatismus des Unterbewusstseins und die Gedanken beziehen sich hauptsächlich wieder auf die Vergangenheit. Das Unterbewusstsein ist dann wie ein Anker, der einen im negativen Sinne festhält. Dieser Anker muss hochgezogen werden, um die üblichen Denkmuster wie Angst, Eifersucht und die Sorgen des Alltags zu überwinden. Wohl sieht man, dass man mit den Alltagsthemen umgehen muss, und dass sie ihre Bedeutung haben. Zugleich aber erkennt man, dass das eigentliche Thema die Frage ist: „Wer bin ich?"

RAJA-YOGA-MEDITATION

In der Tradition des *Yoga* ist es der Weg des *Raja-Yoga*, der am besten die Psychologie des menschlichen Geistes beschreibt. *Raja-Yoga* erklärt die unterschiedlichen Funktionen des Geistes, die unterschiedlichen Bewusstseinszustände, die Konzepte von *Prana* oder Lebenskraft, *Chakras* und *Kundalini*, sowie die unterschiedlichen Ebenen der Meditation. Das Studium des *Raja-Yoga* hilft uns, die Funktionsweisen unseres eigenen Geistes zu verstehen, wie wir uns ständig mit dem Geist identifizieren, und wie dies uns zur irrigen Vorstellung führt, das unser geistiges Bewusstsein nicht geändert werden kann. Wir sagen: „Ich bin in dieser Situation geboren worden, dies sind meine Familienmitglieder und Verwandten und das ist alles." Die Praxis des *Raja-Yoga* kann uns aus jedem geistigen Zustand erheben, den wir überwinden wollen.

Die *Raja-Yoga-Sutras* wurden von *Patanjali Maharishi* zusammengestellt und gaben dem *Raja-Yoga* seine jetzige Form. Beim Studium dieser Verse bemerken wir unsere Tendenz, bestimmte Handlungen zu wiederholen, die alte, tief verwurzelte Gewohnheiten bekräftigen. Die *Sutras* schlagen Veränderungsmöglichkeiten vor. Im *Raja-Yoga* heißt dieser Vorgang Sublimierung. Wir können unser Denken und Handeln sublimieren und sie in eine neue Form bringen, die das Leben durch neue Gedanken und Handlungen friedlicher und ruhiger gestaltet. Wenn wir uns geistig in eine dunkle Ecke gedrängt fühlen, müssen wir das nicht akzeptieren. *Raja-Yoga* bietet eine große Hoffnung.

Die *Sutras* bestehen aus insgesamt 196 Versen, die in vier Kapitel aufgeteilt sind. Die Schrift ist also nicht lang, dennoch braucht das eigentliche Studium des *Raja-Yoga* viel Zeit. Es ist eine psychologische Studie der eigenen Person. Wir fragen nicht jemand anderen, uns zu sagen, wer wir sind. Stattdessen schauen wir selbst nach innen und nutzen die Gelegenheit, uns zu reinigen. Diese innere Reinigung des *Raja-Yoga* mag von anderen unbemerkt bleiben. Mitpraktizierende werden die Reinigung beobachten, aber sie nicht weiter erwähnen.

Das *Raja-Yoga*-System beschreibt acht Stufen:

1) *Yama* und 2) *Niyama*, Ethik und Moral

3) *Asana*

4) *Pranayama*

5) *Pratyahara* – Kontrolle der Sinne

6) *Dharana* – Konzentration

7) *Dhyana* – Meditation

8) *Samadhi* – das letztendliche Transzendieren der Gedanken, der eigentlichen geistigen Substanz. Dies führt zu Selbsterkenntnis und Selbstverwirklichung.

Das Buch ‚Meditation und Mantras' von Swami Vishnudevananda enthält einen ausgezeichneten Kommentar der *Raja-Yoga-Sutras*, der besonders Schülers im Westen geeignet ist. Auch die Kommentare von Swami Vivekananda sind sehr empfehlenswert.

DIE WAHL DES MEDITATIONSOBJEKTES

Neben dieser psychologischen Studie sollte eine Verbindung zu einer reinen Spiritualität, zur Göttlichkeit geschaffen werden. Dies ist eine persönlichere Angelegenheit. Es gibt viele Möglichkeiten, die eigene innere Spiritualität zu finden und zu üben. Eine Person mit einem christlichen Hintergrund kann sich auf Jesus konzentrieren, das Kreuz, die heilige Mutter Maria, das Jesus-Kind, oder den Rosenkranz. Der Geist braucht einen Punkt, auf dem er sich ausruhen kann. Wie ein Vogel, der sich auf einen Zweig setzt, benötigt auch der Geist in der Meditation einen Ruhepunkt, sonst wird er wieder in alte Denkgewohnheiten fallen.

Man kann ein buddhistisches, jüdisches oder islamisches Bild wählen. Wenn man sich mit keiner traditionellen religiösen Form wohl fühlt, kann man ein *vedantisches* Bild wählen. Das Verständnis dieser geistigen Meditationsbilder erfordert eine Einführung in die *Vedanta*-Philosophie. *Vedanta* ist die höchste Philosophie des Menschen, denn sie sagt, dass es nur eine Wirklichkeit gibt. Anstatt den Begriff ‚Gott' zu benutzen, spricht sie von einer unveränderlichen Wirklichkeit, die in allen sichtbaren und unsichtbaren Erscheinungsformen der Natur und auch in uns selbst gegenwärtig ist. Diese Wirklichkeit ist ewig und durchdringt alles.

OM – A-U-M – ist das Wort, das alle Ebenen dieser Wirklichkeit durch Klang ausdrückt. Musik ist ein wichtiger Aspekt des *Yoga*. Sie hilft, sich in liebliche harmonische Energien einzustimmen. Dies führt schließlich zur Energie der *Chakren*, den inneren *Anahata*-Klängen, die man hört, wenn man tief nach innen geht und sich von jeglicher äußeren sinnlichen Stimulation abwendet.

Jedes Energiezentrum hat seinen eigenen Klang. Das *Ajna-Chakra*, das Energiezentrum von Denken und Wissen, hat den Klang *OM*. *OM* ist ein Energie-Klang, der nichts mit einem Namen oder einer Form zu tun hat. Es ist die universellste Klangform, die die menschlichen Stimmbänder erzeugen kann. Der *AUM*-Klang schwingt im „mmmm", der Ur-Schwingung des Universums, auf die man sich während der Meditation konzentriert. In der vergleichenden Religionswissenschaft heißt es, dass Worte wie *Amen* und *Shalom* von *OM* abgeleitet sind.

Mantras, meditative Klänge, sind sehr förderlich für die Kontemplation. Die Klänge der eigenen Sprache dagegen führen unsere Aufmerksamkeit zurück zu den Sorgen und Wünschen des Alltags. Immer wieder muss man den Geist zurück zur Konzentration auf die ursprüngliche Schwingung „mmmm" des universalen *Mantras AUM* bringen.

Man mag sich fragen, wie man wissen kann, dass *OM* der ursprüngliche Klang ist. Dieses Wissen kommt von selbstverwirklichten Sehern. Es bleibt einem also scheinbar nichts anderes übrig als dies zu glauben, aber dies gilt auch für andere Studienrichtungen. Auch im Medizinstudium gibt es bestimmte Dinge, die man erst einmal als Wahrheit akzeptieren muss, bis man sie selbst als Arzt erfahren kann. Dies gilt auch für Fahrstunden, Zimmerei oder *Yoga*.

Woher erhielten Jesus und Buddha ihr Wissen? Sie hatten es aus der eigenen Erfahrung. In der *Yoga*-Tradition werden diese Wesen Seher genannt. Sie stimmten sich in subtile Klangebenen ein und schrieben ihre Erfahrung in den *Veden* nieder, den ältesten Schriften der Welt.

Zweifel kommen, wenn man nicht praktiziert. Praxis führt zur Erfahrung, und die Erfahrung wird dann zur Grundlage des Glaubens. Glaube führt uns weiter zur letztendlichen Erfahrung.

Die Stille ist nicht still. Man geht nach innen und vereinigt sich mit dem Klang, der schon immer im *Ajna-Chakra* gegenwärtig war. Dies ist die einfachste, schnellste, praktischste und logischste Methode, um sich von den Klangschwingungen der eigenen Sprache zu lösen. Die Inhalte der eigenen Sprache mögen sehr erhebend sein, aber das Bewusstsein, zu dem sie uns inspirieren, ist noch begrenzt. Man muss über dieses Bewusstsein hinausgehen, um das wahre Selbst zu erkennen.

Wenn man sich bei der Wahl eines *Mantras* nicht sicher ist, kann man schon einmal mit *OM* beginnen. Dies ist der einfachste Weg zu einer klassischen *Yoga*-Meditation. Wenn man in einer eigenen Spiritualität verwurzelt ist, oder in den spirituellen Formen der eigenen Religion, kann man die Konzentration auf einen religiösen Gegenstand richten und gleichzeitig weiterhin mit *OM* praktizieren. *OM* ist neutral. Wenn man dabei die spirituellen Meditationsbilder des *Vedanta* anwendet, kann man sich schrittweise mit verschiedenen Energieebenen verbinden, die schließlich zum absoluten, unveränderlichen Selbst führen.

Vedanta beschreibt diese Energieebenen als Prinzipien von Schöpfung, Erhaltung und Zerstörung:

Die Schöpfung erneuert sich ständig. Im Sommer ist alles voller Farben (Fülle, Erhaltung), im Winter bewegt sich die Natur in einen scheinbaren Stillstand (Zerstörung) und im Frühling erscheint dann alles wieder als eine neue Schöpfung. *Yoga* verehrt Schöpfung, Erhaltung und Zerstörung als Gottheiten, weil sie sich auf das ganze Universum erstrecken. Es sind keine Götter, die nur eine bestimmte Sprache sprechen oder ein bestimmtes Aussehen haben, sondern Energien, die in gewissen göttlichen Klängen enthalten sind. Schöpfung, Erhaltung und Zerstörung haben spezifische Energieklänge. Die *Yogis* oder Seher nahmen diese Klänge in ihrem überbewussten Meditationszustand wahr und gaben sie weiter an die Menschheit. Dies ist der Ursprung der alten klassischen *Mantras*, die bis heute erhalten geblieben sind.

Durch *Mantra*-Wiederholung kann man sich auf die Klänge der drei verschiedenen Ebenen einstimmen, wie beim Anpeilen eines Radiosenders. Der Klang umhüllt uns und dringt in unser Wesen ein wie eine Dusche aus reinem Gold und breitet sich überall um uns herum aus. Je mehr wir das *Mantra* wiederholen, desto mehr stimmen wir uns darauf ein und verschmelzen mit der kosmischen Energie.

GUNAS – EINFÜHRUNG

Der Sanskrit-Begriff *Guna* wird allgemein als ‚Eigenschaft' übersetzt. Die drei *Gunas* – *Sattva*, *Rajas* und *Tamas*, stellen die charakteristischen Aspekte der Grundsubstanz der Natur, *Prakriti*, dar. Um Befreiung zu erlangen, müssen wir sie überwinden, denn sie sind Formen von *Avidya* oder Unwissenheit. Die *Gunas* sind die Grundlage für die Identifikation mit Körper und Geist. Wer die drei *Gunas* überwindet, ist frei von Geburt und Tod, Verfall und Schmerz und erlangt Selbsterkenntnis.

Die *Gunas* manifestieren sich als:

Sattva (Reinheit, Sauberkeit, weiß wie Kristall). Wenn *Sattva* im Menschen vorherrscht, strahlt er mit dem Licht der Weisheit und der Unterscheidungskraft. Reine und erhebende Gedanken und ein klares Verständnis finden sich bei Menschen, die sich von sinnlichen Freuden abwenden und zum Wissen hinwenden. Es ist jedoch möglich, sich so stark mit *Sattva* zu identifizieren, dass sich daraus eine Verhaftung entwickelt. Dann genießt der *sattvige* Mensch seine Überlegenheit und brüstet sich damit.

Für die spirituelle Entwicklung sollte *Sattva* in allen Gedankenmustern kultiviert werden. Zum Beispiel beim Autofahren: ruhig und voller Energie, zügig aber kontrolliert – das ist *sattvig*. *Sattva* bei der Nahrungsaufnahme bedeutet in aller Ruhe und mit Genuss zu essen, den Geschmack zu genießen, und die Nahrung nicht gedankenlos herunterzuschlingen. *Sattva* bedeutet, ein Gespräch während einer hitzigen Debatte ruhig weiterzuführen; die Reaktion eines Chirurgen ist *sattvig*, wenn er während einer Operation plötzlich vor einer unvorhergesehenen Komplikation steht und darauf ruhig und kontrolliert reagiert. Dieses Prinzip gilt für alle Aspekte des Lebens. Es bedeutet, den Überblick zu bewahren und ruhig zu bleiben, etwas ganz zu durchdenken und im Auge zu behalten, bis die Angelegenheit abgeschlossen ist; diese Methode sieht man bei allen erfolgreichen Menschen.

Rajas (Unruhe, Begierde, Gier, die Farbe Rot). *Rajasige* Aktivität kann mit *Karma-Yoga* oder göttlichen Handlungen verwechselt werden. Ein scheinbar selbstloser Dienst für die Welt wird *rajasig*, wenn das Motiv hinter der Handlung mit persönlichen Wünschen verbunden ist. Es gibt Menschen, die nicht einmal für eine Minute ruhig sitzen können. Sie müssen sich ständig mit irgendetwas beschäftigen. Ein *Yogi* oder weiser Mensch, der ruhig dasitzt, sich körperlich nicht bewegt, und seinen Geist zähmt, ist tatsächlich die aktivste Person der Welt. So wie ein Rad, das sich sehr schnell dreht, still zu stehen scheint, so sieht auch intensive Aktivität auf der Grundlage von *Sattva* aus. *Rajas* beschreibt Menschen, die nie Zeit haben und die nie wirklich die Notwendigkeit zum Nachdenken empfinden, weil sie immer in Eile sind.

Tamas (Die eigene Pflicht vergessen, Verwirrung, Dunkelheit, fehlende Unterscheidungskraft, extreme Lethargie, Stumpfsinn, Fehler, die Farbe Schwarz). Wenn die Natur in die Dunkelheit der Nacht übergeht, sollte auch der Körper ruhen und schlafen. Wenn der natürliche Rhythmus von Schlaf und Wachsein zu sehr vernachlässigt wird, erhöht sich *Tamas*. Die Wissenschaft des *Ayurveda* nennt es *Kapha*. Wenn *Tamas* oder Lethargie im physischen Körper vorherrscht, überträgt sich das auf den Geist, auf die intellektuelle und emotionale Hülle. Dies kann zu Depressionen führen, Atemnot, aggressivem Verhalten und dem Gefühl, von der Routine des Alltags überfordert zu werden. Die Ruhe nach Einnahme von Psychopharmaka, Alkohol oder Drogen ist *tamasig*.

Tamas manifestiert sich oft ganz subtil: Man ist abwechselnd glücklich und unglücklich, manchmal schläft man genug und dann wieder nicht, manchmal ist man zufrieden und geduldig und dann wieder unzufrieden und ungeduldig, manchmal voller Liebe und kurz darauf voller Hass. Swami Vishnudevanandas fünf Punkte des *Yoga* – richtige Stellung, richtige Atmung, richtige Entspannung, richtige Ernährung, positives Denken und Meditation – sind eine bewährte Methode, um das System von angesammelten *Tamas* zu befreien.

Das Verhältnis der *Gunas* zu *Prakriti* entspricht dem einzelner Schmuckstücke zu Gold. So wie man Hitze von Feuer nicht trennen kann, so lassen sich auch die *Gunas* nicht von *Prakriti* trennen und sind identisch.

Wenn die Sonne sich auf den Wellen einer Wasserfläche spiegelt, sieht es so aus, als ob die Sonne sich bewegt und wellenförmig ist. So scheint auch der *Atman* sich zu bewegen, wenn die *Gunas* im Geist aktiv sind. Der *Atman* bleibt jedoch immer unberührt. Dies ist das Phänomen der Überlagerung.

In der manifestierten Welt sind die *Gunas* in einem unausgeglichenen Zustand. Dies findet sich in allen Aspekten des Lebens: Ernährung, Handeln, Glaube, etc. Ihre Auswirkungen auf der geistigen Ebene müssen klar erkannt werden. Nur dann können sie letztendlich überwunden werden.

GUNAS UND HANDLUNG

Wir sehen das Wirken der *Gunas* in der Handlung. Jeden Tag treffen wir auf verschiedene ‚Probleme', der Unterschied liegt darin, wie wir darauf reagieren. In der Kontemplation oder Meditation am Abend können wir über unsere Reaktionen nachdenken: „War meine Reaktion auf eine andere Person in einer unangenehmen Situation *sattvig*? Habe ich der anderen Person Raum gegeben mit dem Ziel, das Problem schließlich zu lösen? Habe ich *rajasig* reagiert und die Problematik mit gleicher Intensität direkt zurückgespiegelt? Oder habe ich mich *tamasig* und lethargisch einfach abgewandt?" Die Situationen, in denen die Schwierigkeiten entstehen, sind immer gleich, aber aufgrund der äußeren Umstände erscheinen sie immer einzigartig. Wie man darauf reagiert und wie man sich verhält, hängt von den *Samskaras* ab, den subtilen Eindrücken aus vielen früheren Leben, sowie auch aus der gegenwärtigen Inkarnation. Diese Eindrücke haben bereits früher neue Wünsche erzeugt und das tun sie auch weiterhin. Die Wünsche tragen dann die Kennzeichen des vorherrschenden *Gunas* und können sich jederzeit manifestieren.

Somit ist es offensichtlich, dass *Samsara*, das Rad von Geburt und Tod, sich so lange weiterdreht, bis alle drei *Gunas* transzendiert worden sind.

Wenn man im *Yoga* von Aktivität spricht, meint man *Rajo Guna*, aber tatsächlich können sich in einer Handlung alle drei *Gunas* manifestieren.

Swami Sivananda sagt in seinem Kommentar zum 14. Kapitel der *Bhagavad Gita*, dem Kapitel über die *Gunas*, dass Ruhelosigkeit zu einer Handlung führen kann, die wir später bedauern. Die Handlung wird mit Hinsicht auf die eigene Wunscherfüllung ausgeführt, nicht um nur zu tun, was notwendig ist. Der Unterschied liegt immer im Motiv der Handlung. Es ist äußerst wichtig, darüber nachzudenken und zu analysieren, ob das Motiv *sattvig*, *rajasig* oder *tamasig* ist.

Wir meinen vielleicht, dass wir selbstlos handeln, aber tatsächlich versuchen wir unser eigenes Bedürfnisse nach Ruhm und Anerkennung zu befriedigen. *Sattviger* Frieden kann aus einer Handlung entstehen, aber nur wenn sie frei von Egoismus ist. Anderenfalls erzeugt sie Ruhelosigkeit. Man wird arbeitssüchtig, gleitet in ein Burnout, ist erschöpft, wird lethargisch und kann gar nichts mehr machen. Daraus entsteht wieder eine neue Ruhelosigkeit und das Rad dreht sich weiter. Man pendelt immer zwischen *Rajas* und *Tamas*.

Man kann oft sehr unterschiedliche Verhaltensweisen in verschiedenen Lebensbereichen beobachten. Zum Beispiel kann eine Person im Job aktiv und erfolgreich sein und mit großer Konzentration arbeiten, dann aber faul und lethargisch im Privatleben sein. *Tamas* und *Rajas* leben nahe beieinander; die intelligente und erfolgreiche, elegante Person aus der Arbeitswelt wird am Wochenende ein träger, fauler Mensch, der vor sich hin vegetiert. Bei echter Reinheit, wahrem *Sattva* ist solch ein Unterschied nicht vorhanden.

Die Koexistenz von *Rajas* und *Sattva* dagegen ist das Ergebnis einer intensiven Ausbildung. Man kann *sattvig* denken und zugleich aktiv sein; dies ist ein Merkmal einer wunderbaren persönlichen Entwicklung.

Eine *sattvige* Handlung entspringt aus Ruhe und konzentriertem Nachdenken über das, was getan werden muss, welche Schritte unternommen werden müssen, um sich selbst und der Menschheit zu dienen. Von außen betrachtet erscheint es gar nicht als eine Handlung, aber tatsächlich ist es die beste Art zu handeln. Einen Augenblick innezuhalten und sich selbst vor und nach der Handlung zu beobachten, beruhigt den Geist. Dann wird die Handlung *sattvig*.

DIE GUNAS UND AVIDYA

Die *Gunas* gelten als *Avidya*, eine Überlagerung von *Vidya*. Deshalb ist die Kenntnis der *Gunas* und ihrer Wirkungsweisen sehr wichtig, um sich aus den Fängen der Unwissenheit zu befreien. Mit der richtigen Verhaftungslosigkeit kann man Abstand von der Überlagerung der *Gunas* über den *Atman* halten. Niemand kann sich der Wirkung der *Gunas* entziehen, aber es ist wichtig, dieses Phänomen zu analysieren. Es ist wichtig, diese Eigenschaften zu verstehen und die Rolle eines Beobachters anzunehmen, anstatt sich mit den *Gunas* zu identifizieren. Man sollte ein *Gunatita* werden, jemand der sich von den *Gunas* gelöst hat. Dies ist nur möglich, wenn man versteht, wie sie funktionieren.

Der 5. Vers des 14. Kapitels der *Bhagavad Gita* sagt: „Reinheit, Leidenschaft und Trägheit – o Arjuna, diese Eigenschaften der Natur, binden den Verkörperten, den Unzerstörbaren fest an den Körper." Wer sich mit diesen Eigenschaften der Natur identifiziert, verhaftet sich an die verschiedenen Hüllen, die *Upadhis* und kann daher die unzerstörbare Seele im Innern nicht mehr sehen. Wir identifizieren uns mit genetischen Tendenzen, die ein Ausdruck des *Prarabdha-Karmas* sind. *Yoga* lehrt uns, die Identifikation mit den Instrumenten Körper und Geist aufzugeben. Typische Tendenzen sind Ausdruck der *Gunas*. *Yoga* lehrt uns, sie zu erkennen, sie zu analysieren, sich nicht mit ihnen zu identifizieren und schließlich zu überwinden und das wahre Selbst zu erkennen.

GUNAS UND GLAUBEN

Wenn *Tamas* überwiegt, wird der Glaube ausgelöscht werden – so sagt es die *Bhagavad Gita*. Der Geist ist zu träge, um nachzudenken, alles wird aus einer negativen Perspektive gesehen, man glaubt an nichts. Alles Neue wird sofort als schlecht, negativ und nutzlos abgetan. Der Geist ist zu träge, um es tiefer zu betrachten oder sich eine Meinung zu bilden. Man hat kaum Glauben an sich selbst und in die eigenen Fähigkeiten. Man glaubt nicht an die Möglichkeit, einen bestimmten Job zu bekommen, und versucht deshalb nicht einmal sich dafür zu bewerben.

Im *rajasigen* Zustand wird laut der *Bhagavad Gita* der Glaube zum Assistenten der Aktivität. Jegliche spirituelle Praxis und spirituelle Aktivität dient nur dazu, etwas zu erhalten, entweder materiellen Gewinn oder Ruhm und Anerkennung.

Wenn der Glaube *sattvig* ist, so sagt wiederum die *Bhagavad Gita*, strebt die Person nach Befreiung. Es gibt eine starken Glauben an das Gute und selbst Fehler werden als gut, positiv und lehrreich gesehen. Daher haben große und erfolgreiche Menschen Mitgefühl mit den Fehlern anderer, ein Gefühl, das aus einem inneren *sattvigen* Zustand kommt. Sie kennen die Fehler, die allen gemeinsam sind. Menschen, die in *Sattva* handeln, werden stark und kenntnisreich.

DIE GUNAS IM AUGENBLICK DES TODES

Im 14. Kapitel spricht die *Bhagavad Gita* von den *Gunas* im Augenblick des Überganges, wenn der physische Körper stirbt. Der überwiegende *Guna* im Augenblick des Überganges entscheidet über die Situation in der nächsten Inkarnation. Deshalb sind alle kulturellen Rituale der Sterbehilfe so entwickelt, dass sie den Geist beruhigen und ins *Sattva* führen. Wenn man die wunderbare Gelegenheit hat, jemanden zu diesem Zeitpunkt zu begleiten, kann man je nach Religion oder Kultur der sterbenden Person Hilfe leisten. Die häufige Tendenz, den Tod zu verdrängen und nicht damit umzugehen, ist *rajasig*. Der Tod ist nur ein Übergang. *Yoga* weiß, dass dabei nur die Elemente zurück zu den Elementen gehen. Die Seele, die sich im feinstofflichen Körper befindet, existiert weiter.

GENE UND VASANAS

Praktiken wie *Tapas* oder Askese (z.B. Fasten), *Japa*, *Dhyana* (Meditation) oder Pilgerfahrten verringern die Hindernisse, die der Geist uns ständig auf den spirituellen Weg stellt. Diese Hindernisse sind *Vasanas*, tiefe Eindrücke im Geist, so tief, dass sie sich ständig wiederholen: Gedanken, Gedankenströme, negative Gedanken gefolgt von negativer Lebensweise, die nicht nur aus diesem Leben, sondern auch aus früheren Leben stammen – all dies schlummert im Geist aufgrund vergangener Handlungen.

Es ist schwierig, die *Vasanas* zu überwinden und tatsächlich zu verändern. Die Wissenschaft benutzt hier das Wort ‚Gene'. Sie ist diesbezüglich noch in den Kinderschuhen. Die Wissenschaft des *Yoga* hingegen kennt die *Vasanas* aufgrund der Weisheiten der *Veden* und der Lehren selbstverwirklichter *Yogis.*

Im *Yoga* werden Gene *Vasanas* genannt, erbliche Eindrücke von Eltern und Vorfahren, die schließlich zusammen mit Nahrung, Umgebung und Klima die Person beeinflussen. *Yogis* versuchen, diese *Vasanas* zum Beispiel mit *Japa* oder Meditation zu ändern. Es ist wissenschaftlich bewiesen, dass die Wiederholung von *Mantras* tatsächlich Gene verändern kann – zum Beispiel schlechte oder negativen Charaktereigenschaften wie Zorn, Gier, Hass und Eifersucht, die in den Genen enthalten und von den Eltern geerbt sind; sie können auf diese Weise überwunden werden.

Es gibt Möglichkeiten, aus diesem Rad von Tod und Wiedergeburt, aus dem *Samsara* zu entkommen. *Yoga* zeigt den Weg, und man sagt: „Ich werde ich mich verbessern, zum Beispiel durch Askese."

KLESHAS – LEIDEN

Nach den *Raja-Yoga-Sutras* von *Patanjali Maharishi* sind *Kleshas* die Haupthindernisse auf dem Weg zu geistigem Frieden oder zu einem praktischen System der Geisteskontrolle, die schließlich zu Konzentration und Meditation führt.

In Indien wird das Wort *Yoga* vor allem in Bezug zum Yogasystem von *Patanjali* verstanden. Dies schließt natürlich *Hatha-Yoga* mit ein, aber konzentriert sich im Wesentlichen auf die Meditation und einem bestimmten Lebensstil: Das gesamte System von Körper, Geist und Intellekt wird kontrolliert, um es schließlich in die Meditation zu führen. In Indien wird *Yoga* weniger als eine Philosophie verstanden, sondern eher als einen praktischen Weg, um den physischen und den geistigen Körper zu reinigen, die Sinne zu kontrollieren, um geistige Ruhe zu erreichen und schließlich die Verschmelzung mit dem Einen zu finden.

Patanjali erklärt, wie man den Geist soweit kontrollieren kann, dass wir von Leiden befreit werden. Früher oder später muss jeder den physischen Körper hinter sich lassen, aber die Frage ist: „Werde ich die Welt mit geistiger Ruhe oder mit flexiblen Hüften verlassen?"

Patanjali erklärt, dass es zahlreiche Hindernisse gibt. Warum ist es so schwer, sich zu konzentrieren? Warum falle ich immer wieder in meine alten Gewohnheiten zurück? Es gibt tatsächlich viele Hindernisse auf dem Weg der Evolution und die *Raja-Yoga-Sutras* geben Anregungen, wie man sie überwinden kann. Alle Hindernisse beruhen auf den fünf *Kleshas*, die die Wurzel aller Probleme sind:

1) *Avidya*, Unwissenheit; den Unterschied zwischen dem Wirklichen und dem Unwirklichen nicht erkennen.

2) *Asmita*, Ego-Denken; sich vor allem mit Themen des physischen Körpers beschäftigen. Unser ganzes Wirtschaftssystem dreht sich um diese Art Egoismus: was man isst, wie man sich kleidet, wohin man in Urlaub fährt, was man für sich selbst tut. Die Wirtschaft füttert das Ego, das Konzept von ‚mir und mein‘. *Asmita* verursacht Schmerzen und Leid, weil es uns von allen und allem trennt.

3) *Raga*, Vorlieben, Anziehung; all die Dinge und Umstände, die wir haben wollen, die uns anziehen. Diese Anziehungen sind *Kleshas*, da sie uns oft meist nicht erfüllen, aber den Geist ablenken.

4) *Dvesha*, etwas nicht mögen, Abneigung; das beschäftigt den Geist genauso viel wie die Anziehung. *Raga-Dvesha* sind ein Zwillingspaar. Man muss nur eine Weile lang den Geist beobachten. Dann erkennt man, dass er ständig mit Vorlieben, Abneigungen und viel Ego-Denken beschäftigt ist. Nehmen wir zum Beispiel einen schweigenden Spaziergang. Der Geist springt von einer Sache zur anderen: „Wie lange wird der Spaziergang dauern? Warum bin ich überhaupt mitgegangen? Oh, es ist kalt. Warum haben sie uns nicht gesagt, dass es kalt ist? Warum ...?"

5) *Abhinivesha*, die Angst vor dem Tod. Wir haben Angst, dass das Leben irgendwann zu einem Ende kommt.

Kleshas oder Leiden bedeuten, dass man in Not ist, gekränkt oder verletzt, oder allgemein in einem schlechten Zustand und unzufrieden. Man hofft, dass es einem besser gehen wird, dass die Zukunft besser sein wird, oder man bedauert die Vergangenheit, man meint, dass die Vergangenheit besser war als die Gegenwart, und dass sie jetzt wirklich vorbei ist. Tatsächlich sind wir selten im Hier und Jetzt, weil wir dieses Hier und Jetzt nicht mögen. Wenn es uns gefallen würde, würden wir in *Santosha*, in Zufriedenheit leben.

Sich der *Kleshas* bewusst sein und versuchen, sie zu überwinden – das ist eine wunderbare Möglichkeit, mehr Zufriedenheit im Leben zu finden, sich selbst mehr geistiges Gleichgewicht zu ermöglichen und so diese Schmerzen, diesen schlechten Zustand, diese Not und diese Qual zu vermeiden.

DEN GEIST EXPANDIEREN

Die *Yoga*-Meister sind sich darin einig, dass der Geist grenzenlose Kräfte hat, und wenn wir anfangen *Yoga* zu üben, können wir das selbst erfahren, vorausgesetzt wir lassen diese Möglichkeit zu. Die Begrenzung ist nicht im Geist selbst, sondern in der Person, die den Geist trägt. Man setzt seine eigenen Grenzen, und leider vergeht viel Zeit, bis man sieht, dass der Geist eigentlich unbegrenzt ist.

Zunächst einmal muss man verstehen, dass der Geist nicht aus grobstofflicher Materie, sondern aus äußerst feinstofflichen und unsichtbaren Schwingungsfrequenzen besteht. Jeder Gedankenvorgang hat seine eigene Schwingungsfrequenz. In einem gebildeten Geist ist die Schwingungsebene sehr klar definiert sein. In einem unentwickelten Geist ist sie bewölkt, nicht fokussiert. Also versucht man sich zu bilden und sich zu konzentrieren. Wenn dieses geistige Training bereits in jungen Jahren beginnt, wird sich das Kind daran gewöhnen und sich als Erwachsener ebenfalls leichter konzentrieren können.

Die Drei-Körper-Lehre erklärt verschiedene Hüllen, die das Selbst umgeben, sowie ihre unterschiedlichen Bedeutungen und Funktionen. Die meisten sind so feinstofflich, dass sie für das bloße Auge nicht wahrnehmbar sind. Die geistige Hülle überlappt den physischen Körper, und wenn der Mentalkörper es zulässt, kann sich diese Hülle sehr erweitern. So ist es eine ganz normale Erfahrung, dass man jemand hinter sich förmlich spüren kann. Blinde Menschen sehen zwar nicht mit den physischen Augen, aber sie erkennen die Energiefrequenz.

Der Geist wird vor allem durch die Praxis von *Asanas*, *Pranayama* und Meditation entwickelt und expandiert. Man wird sensibler für unterschiedliche Schwingungsfrequenzen. Dies zeigt, dass sich der feinstoffliche Körper oder Astralkörper expandiert hat. Dieses Phänomen beruht auf *Prana*, der Lebensenergie. Ohne *Prana* können wir nicht existieren, ohne *Prana* können wir nicht einmal einen Arm heben, ohne *Prana* können wir weder hören, noch sehen, noch verdauen. Wenn man sehr müde ist, verlangsamen sich diese Funktionen. Man sieht nicht so gut, oder man verdaut nicht so gut, und manchmal ist man sogar zu müde, um gut zu schlafen. Tatsächlich braucht man auch *Prana*, um einzuschlafen. Man braucht auch *Prana*, um zu sprechen, zu lachen, zu husten, zu niesen, zu schlucken. Wenn man sehr krank ist und das *Prana* stark gefallen ist, hat man Schwierigkeiten mit all diesen Funktionen.

Prana befindet sich im Astralkörper, und dort befindet sich auch der Geist. Wenn Gedanken erhaben und positiv sind, hat man mehr *Prana*. Es braucht mehr Energie, negativ als positiv zu sein. Wenn man ständig schlecht gelaunt, zornig, deprimiert oder mit negativen Gedanken beschäftigt ist, ermüdet man schnell und kann auf lange Sicht davon krank werden. Durch *Yoga*-Praxis versucht man, das *Prana*, mit dem man geboren wurde, zu erhalten. Dabei spielen sowohl physisches wie auch geistiges Alter eine Rolle: Der Körper mag altern, aber geistig können wir sehr jung bleiben, wenn wir Gedankenkontrolle üben, wenn wir die unbegrenzte Kraft des Geistes nutzen. Die beste ‚Nebenwirkung' des *Yoga* ist, dass der Geist kristallklar bleiben kann, bis man den Körper verlässt. Jeder Körper hat seine eigenen Unzulänglichkeiten, was zu Krankheit, Alter und schließlich zum Tod führt. Aber ein starker Geist kann das Leid der Krankheit und sogar das Leid des Todes lindern.

Der Geist kann sich expandieren. Neben *Asanas* und *Pranayama*, ist vor allem positives Denken von größter Bedeutung. Gebete sind höchst positive Gedanken, sie sind in allen Traditionen bekannt. Gebete, positive Gedanken und *Prana* können weit und breit gesendet werden. Man kann Menschen helfen, indem man ihnen *Prana* schickt. *Prana* gehört uns nicht. *Prana* ist überall: in der Sonne, im Wind, im Wasser, in der Nahrung und besonders stark im Sprechen und in der Sehkraft. Bei einer Umarmung, einem Kuss und, auf einer mehr physischen Ebene, auch beim Geschlechtsakt, wird *Prana* von einem Körper zum anderen übertragen.

Viel wirkungsvoller ist die subtile Übertragung durch einem Blick und am wirkungsvollsten durch die einfache Präsenz. Das höchste *Prana* kann in der Gruppenmeditation und im gemeinsamen Singen ausgetauscht werden. Wenn man den Pranafluss zulässt, fühlt man sich erhoben. Wenn der Geist durch eine kraftvolle Ansammlung von *Prana* expandiert ist, fühlen andere Menschen sich angezogen. So ist das auch bei *Yogis*: ihr Geist ist expandiert und Menschen scharen sich um sie herum, ohne dass der *Yogi* etwas Besonderes tut.

Selbstmeisterung verlangt ein starkes und expandiertes *Prana*. Man muss dafür nicht unbedingt etwas außen verändern, sondern versuchen, der Meister von sich selbst zu werden, durch Askese oder *Tapas* in kleinen Dingen. Man sagt dem eigenen Geist: „Ich bin der Herr, nicht du!" Den ganzen Tag verlangt er nach irgendetwas. Manchmal muss man dann einfach sagen: „Nein, heute nicht!", sei es Zucker, Kaffee, Tee, Zeitungen, Fernsehen oder Alkohol. Der Geist wird darüber nicht glücklich sein, und wir müssen dann mit diesem unglücklichen Geist leben.

Leider geben wir dem Geist oft nach, um ihn glücklich zu machen, aber beim nächsten Mal wird er eher noch mehr verlangen! Tatsächlich sehnt sich der Geist nach Selbstdisziplin. Wenn man essen kann, was man will, so lange schlafen, wie man will, eine Zeit lang keine Verantwortung oder keine Arbeit hat, dann gibt dies einem wahrscheinlich zunächst ein gewisses Gefühl von Freiheit. Aber nach einer Weile wird es langweilig, allmählich wird man unruhig, dann unglücklich und schließlich depressiv. Mit Selbstdisziplin wird der Geist strahlen und sich entwickeln. *Yoga* zeigt den Weg.

Alle Probleme werden durch einen unkontrollierten Geist verursacht, und es ist keine leichte Aufgabe, ihn unter Kontrolle zu bringen. Also beginnen man mit Körperstellungen oder *Asanas*, die eigentlich eine Konzentrationsübung sind: Wir gehen mit voller Kontrolle in die Stellung, wir konzentrieren uns, während wir sie halten. Die Stellung halten, ohne sich zu bewegen, ist nicht einfach. Auch beim Verlassen der Stellung versucht man die Bewegung zu kontrollieren.

Durch das Halten der *Asanas* hält man auch das *Prana*. Das von der jeweiligen *Asana* betroffene innere Organ nimmt dieses *Prana* auf. Nach der Asanastunde fühlt man sich verjüngt, weil das *Prana* sich gefestigt hat. Auch dem Geist tut diese Stetigkeit gut, es wird ihm nicht erlaubt, auch nur ein Glied zu bewegen (es ist der Geist, der sich bewegen möchte, nicht der Körper). Dann wird *Prana* kontrolliert und richtig gelenkt. Dabei merkt der Geist, dass er nicht beschränkt ist, dass er geöffnet und expandiert wurde.

HINGABE

BHAKTI

Man sagt, *Bhakti-Yoga* sei der einfachste aller Yogawege; *Bhakti* ist Hingabe, das Gefühl der Liebe für alle Wesen, Gott in Jedem und in allem sehen und damit das Bewusstsein erweitern und letztendlich die Befreiung von *Samsara*, dem Rad von Geburt und Tod.

Alle klassischen Yogaschriften sowie zeitgenössische Autoren und Kommentatoren sind sich einig, dass *Bhakti* niemanden ausschließt, was immer auch seine Religion, Nationalität, gesellschaftliche Stellung oder Bildungsniveau sein mag. Dennoch geschieht es, dass der Verstand eine ablehnende Haltung entwickelt gegen einen schön dekorierten Altar im Meditationsraum, in einer Kirche oder einem Tempel oder gegen das hingebungsvolle Singen von Gottes Namen. Der Verstand weigert sich, an unbekannten Ritualen teilzunehmen, sich zu verbeugen oder einer Statue Blumen zu opfern.

Der systematische und logisch verständliche Weg des *Raja-Yoga* steht dem westlichen Geist sehr viel näher. So wie *Raja-Yoga* setzt auch *Bhakti-Yoga* systematisch spezifische Techniken ein: Rituale, Zeremonien, *Kirtan*, das Hören von Geschichten über Gott, usw. Aber diese Techniken erscheinen oft fremd und man erkennt nicht, dass dies lediglich Mittel zu einem Zweck sind, so wie alle anderen *Yoga*-Techniken auch. Durch Konzentration auf das Göttliche in Form von Glauben, Hoffnung, Hingabe oder Gebet, erlangt der Verehrer eine engere Beziehung zu Gott und eine direkte Wahrnehmung des Ideals. Das Ziel ist das Erlangen der Einheit durch die Verschmelzung und das Aufgeben des Egos an einen Aspekt der höchsten Wahrheit. Dieser Aspekt wird entsprechend dem eigenen Temperament gewählt; es kann ein Prophet sein, ein Heiliger oder eine der drei Energien, die das Universum bilden: Schöpfung, Erhaltung und Zerstörung.

Auf anderen Yogawegen sind Emotionen nicht willkommen, weil sie Verhaftung und Leidenschaft steigern. Im *Bhakti-Yoga* jedoch werden Emotionen in göttliche Liebe umgewandelt, die weder egoistisch ist, noch Verhaftung verursacht. Emotionen werden verwendet und sublimiert, nicht unterdrückt, sondern gereinigt. Diese Liebe hat keinen Bezug zum Ego, sie erwartet nichts. Dafür muss jedoch das Ich-Bewusstsein gereinigt und verfeinert werden, und dafür werden die anderen Yogawege angewandt. Sie machen das Ego subtiler und reiner und bereiten so die Sublimierung der Emotionen vor: *Karma-Yoga* reinigt durch selbstlosen Dienst, *Raja-Yoga* bringt ein Verständnis der psychologischen Aspekte des eigenen Geistes und *Jnana-Yoga* erklärt das Ziel.

Emotionen, die sublimiert und in Hingabe verwandelt wurden, zeigen sich oft als spontane Tränen, zum Beispiel beim Betreten einer Kirche oder eines Tempels. Diese Tränen kommen, weil man die Liebe fühlt, mit der viele Hände den Altar geschmückt haben, die Statuen kreiert, Bilder gemalt und sich um jedes Detail dieser besonderen Umgebung gekümmert haben. Diese Liebe ist spürbar, und sie bewegt zu Tränen.

Bhakti entspringt aus der Sehnsucht nach dem Göttlichen, der Sehnsucht nach Transzendenz. Es ist eine selbstlose Sehnsucht, eine selbstlose Liebe. Grundlose Tränen können ein Zeichen für diese Sehnsucht sein und werden oft durch Leiden ausgelöst, wenn Gott als letzte Zuflucht gesehen wird. Andere Beweggründe sind Neugierde, wenn der Verehrer versucht, die Symbolik von Worten oder Zeremonien zu verstehen oder die Erwartung einer Art Belohnung, wenn das Gebet als ein Mittel für die Erfüllung eines Wunschs gesehen wird.

Diese Hinwendung zum Göttlichen drückt sich in unterschiedlichen Gefühlen oder *Bhavas* aus, je nach dem Temperament und den persönlichen Tendenzen der Person:

• reinster Frieden ohne Wünsche oder Emotionen
• das Gefühl, Gottes Diener zu sein
• eine Beziehung der Freundschaft mit Gott
• liebevolle Hingabe an Gott, ähnlich wie das Gefühl zum eigenen Kind
• das Gefühl, Gottes Geliebte oder Geliebter zu sein

Der Glaube ist der wichtigste Aspekt im *Bhakti*, kein blinder Glaube, sondern Glaube an jemanden oder etwas, das sich bereits in der Vergangenheit als zuverlässig erwiesen hat. Wenn der Lehrer erklärt, dass die *Yoga*-Praxis Rückenschmerzen lindern kann und dies tatsächlich eintritt, dann sind wir bereit, ihr oder ihm auch bei anderen Themen zu vertrauen. Jeder hat Erfahrungen gemacht, jeder hat Intuition, und damit wird ‚Glaube' zu einer

Realität. Nur mit Vertrauen und Geduld kann es zu solch einer Bestätigung des Glaubens kommen.

Deshalb ist die Praxis so wichtig. Nur die Schriften lesen, Vorträge hören und Philosophie studieren ist nicht genug, denn am Ende bleibt der Zweifel bestehen: „Ist das, was ich gelesen oder gehört habe, tatsächlich wahr?" Wenn aber das theoretische Studium von der Praxis begleitet wird, dann erweisen sich viele Dinge als wahr, aus ‚Glaube' wird ‚Erfahrung'.

Parabhakti ist universelle Spiritualität, die höchste Form von *Bhakti*, absolut selbstlos, nur vom Wunsch geprägt, Gott zu dienen. Nur so kann das Ego verschwinden.

Letztlich besteht wahre Religion nicht aus Ritualen, Traditionen, Pilgerfahrten und dergleichen. Wahre Religion ist Liebe für alle und für alles. In der Gegenwart reiner Liebe verschwinden Hass, Eifersucht und Egoismus. Es gibt keine höhere Religion als die Liebe. Liebe ist Wahrheit. Liebe ist Gott.

BHAKTI-PRAKTIKEN

Die Praxis des *Bhakti-Yoga* besteht einerseits aus formaler Anbetung und andererseits aus dem Bemühen, das Göttliche jederzeit in allen Namen und Formen zu sehen. Dies führt zu einer inneren Reinigung, die den ununterbrochenen Fluss göttlicher Liebe ermöglicht. Dabei verschmilzt das Ego, jedes Gefühl des Getrenntseins verschwindet.

Die Schriften erwähnen neun spezifische Formen der Verehrung:

1) **Das Hören von Geschichten**:
Geschichten hören ist leicht und angenehm für den Geist. Man hört einfach nur zu und gibt sich den Worten hin. Kinder lieben das, aber auch Erwachsene gehen ins Kino oder schauen sich Fernsehfilme an. Es werden also Geschichten erzählt. Im *Bhakti-Yoga* handeln die Geschichten von Gott, von Krishna, Jesus, Buddha, usw. Man findet diese Geschichten in jeder Kultur.

2) **Singen**:
Gemeinsames Singen findet sich ebenfalls in allen Kulturen, und die moderne Psychologie bestätigt, dass das gemeinsame Singen mit anderen

Depressionen lindert. Singen macht das Ego transparenter. Wir kommen dabei näher an die eigentliche Essenz, die allumfassende Liebe. *Kirtan*, das gemeinschaftliche Singen der Namen Gottes mit Anderen, schafft eine sehr kraftvolle spirituelle Schwingung, reinigt das Herz, erhebt und löst schließlich ein Gefühl der Ekstase aus. *Kirtan* reinigt die Atmosphäre. Man sagt, dass im *Kali-Yuga*, dem dunklen Zeitalter, *Kirtan* der einfachste und direkteste Weg zu Gottesbewusstsein ist. Swami Sivananda lehrte durch *Kirtan*. Anstatt einen Vortrag zu geben, sang er oft *Kirtan*. Dabei verband er oft die Aussagen der *vedantischen* Weisheiten mit der jeweiligen Melodie. Zusammen mit dem Rhythmus und der authentischen Raga-Melodie fließt das Bewusstsein direkt ins Herz. Bei einem Vortrag spricht eine Person und alle anderen hören zu. Beim *Kirtan* nehmen alle aktiv teil und verschmelzen miteinander: Meister, Lehrer, Sänger und Zuhörer. Darin liegt die Kraft von *Kirtan*.

Mantrasingen wirkt direkt auf die unterschiedlichen Energiezentren oder *Chakren*. Swami Sivananda empfiehlt *Mantra*-Wiederholung als die beste Praxis des *Bhakti-Yoga*, um den Geist zu stärken und geistige Ausgeglichenheit wiederzufinden, vor allem in Momenten großer Aufregung. Um dies gerade in Zeiten der Not anzuwenden, ist die tägliche Praxis notwendig. *Mantras* können gesungen, gesprochen, geschrieben oder geistig wiederholt werden, und dies funktioniert auch inmitten der alltäglichen Aufgaben und Herausforderungen.

3) **Erinnerung an Gottes Namen**:
Man erinnert sich daran, dass es hinter allem, was wir sehen und wahrnehmen, eine Kraft gibt, die alles zusammenhält, und dass diese Kraft unabhängig von der eigenen Individualität überall wirkt.

4) **Den Füßen Gottes dienen**:
Man hilft dem Mitmenschen, weil das Göttliche in allem gegenwärtig ist. Zum Beispiel bereitet man für andere mit Liebe und Sorgfalt eine Mahlzeit zu; nicht nur die einfachsten und schnellsten Speisen, sondern etwas besonders Wohlschmeckendes, das mit viel Energie und Liebe zubereitet wurde. Die ganze Welt wird als Gottes eigene Füße gesehen. Im Dienst der Mitmenschen dient man Ihm geistig. Ein anderes Beispiel ist der Aufbau und Erhalt von spirituellen Einrichtungen: Tempel, *Yoga*-Zentren, Klöster, *Ashrams*, Kirchen. Diese Orte leben davon, dass ein Teppich gespendet wird, ein Bild gemalt wird, alles regelmäßig geputzt wird, Blumendekorationen gebracht werden oder Essen zubereitet wird; sonst wären die Orte nur Geschäftsunternehmen.

Die Liebe, mit der diese Orte aufgebaut und aufrechterhalten werden, macht den Unterschied, und man fühlt das.

5) Gottesverehrung mit Zeremonien:
Puja im Hinduismus, die Heilige Messe der Katholiken, das Brechen des Brotes im Judentum, alle diese Zeremonien sind letzten Endes Ausdrucksformen der höchsten *vedantischen* Wahrheit. Alles ist eins, alles kommt aus den gleichen fünf Elementen, und alles geht wieder zurück in den Nahrungskreislauf. *Arati*, eine Zeremonie, bei der Licht geschwenkt wird und *Mantras* gesungen werden, ist eine bewährte Zeremonie, mit der nicht nur die Räume, sondern auch der eigene Astralkörper gereinigt und die allgemeine Schwingungsebene erhoben wird. Die Verwendung von Symbolen ist ein Mittel, um Hingabe zu entwickeln; Altäre, Statuen, Bilder oder Symbol-Gegenstände sind Teil jeder Religion. Der Fokuspunkt der formellen Anbetung erinnert einen an die Allgegenwart Gottes.

6) Verbeugung:
Durch Verbeugungen drückt man aus, dass das eigene Ego nicht das Höchste ist.

7) Dienen:
Man dient mit dem Gefühl, Gott in allem und in allen zu dienen.

8) Das Gefühl der Freundschaft mit Gott entwickeln

9) Absolute liebevolle Hingabe

Die letzten drei Punkte bestehen nicht aus bestimmten Handlungen. Sie sind geistige Praktiken mit denen das Gefühl entwickelt wird, Gottes Diener und Gottes Freund zu sein. Im letzten Schritt wird das letzte Stück Ego aufgegeben und jegliche noch verbliebene Dualität beseitigt.

EINE BEZIEHUNG ZU GOTT

Es ist nicht so leicht, eine Beziehung zu Gott zu entwickeln, denn ich bin hier in diesem physischen Körper inkarniert, und Gott scheint aber irgendwie nicht hier zu sein. Gott ist unsichtbar, nicht in einem physischen Körper inkarniert – wie kann ich da mit ihm Verbindung aufnehmen? Wir könnten das Wort ‚Gott' durch das Wort ‚Quelle' ersetzen. Dies entspricht der natürlichen Sehnsucht zu erfahren, wo man herkommt und wo man schließlich wieder hingeht. Wenn wir wirklich versuchen, tiefer in diese Thematik zu gehen, weiter als Vater, Großvater und Vorfahren, dann gelangen wir zur Frage: „Wer hat mich eigentlich erschaffen? Wenn der Körper erschaffen wurde – wofür wurde er eigentlich erschaffen?" Tatsächlich scheint dies die größte Frage zu sein: „Wofür, warum?"

Natürlich kann die Frage beiseitegelegt werden: man ist vielleicht zu beschäftigt, man hat keine Zeit. Man denkt, dass man sich damit beschäftigen wird, wenn man in Rente geht. Man meint, man könnte die Frage ein Leben lang aufschieben und sich nur mit dieser Inkarnation beschäftigten: den Körper ernähren und bekleiden, eine Unterkunft haben und überleben. Überleben als einziges Lebensziel ist ein sicheres Rezept für Depressionen. Das Leben muss ein anderes Ziel haben, als die Miete zu bezahlen und einen vollen Kühlschrank zu haben. Es muss ein anderes Ziel und einen anderen Sinn im Leben geben. Wenn der Sinn des Lebens klar ist, dann wird viel Energie frei. Man findet das Geld, um zu leben und Wege, sich zu organisieren, und lebt dann einfach das Leben. Ein klarer Fokus ist da. Wenn es aber kein Ziel gibt, dann gibt es auch keine Hoffnung und damit ein Gefühl der Verzweiflung.

Wir können mit dieser Quelle Kontakt aufnehmen und sehen Gott als Schöpfer. Warum hat Er oder Sie mich erschaffen, wie kann ich eine Beziehung mit Ihm oder Ihr haben? ‚Gott' ist ein neutrales Wort und erscheint in jeder geeigneten Form. *Narada*, ein großer Seher, sagte: „Liebe zu Gott wird *Bhakti* genannt. Es ist eine außerordentliche Anziehung zu DEM, was nicht in Worten ausgedrückt werden kann." Natürlich will ein Christ Gott als Jesus sehen, in Indien wird Gott zum Beispiel als Krishna oder als Göttliche Mutter gesehen. Wir versuchen, eine sehr persönliche Beziehung zu diesem Gott zu entwickeln, eine Herzens-Beziehung. Aber das eine große Problem bleibt bestehen: Als Mensch bin ich inkarniert und Gott ist nicht inkarniert, Er ist die unsichtbare Quelle. Die *Yogis* begannen, sich zu fragen: „Ist es wirklich so? Gibt es diese Trennung zwischen den beiden, zwischen Gott im Jenseits und mir hier?" Da für den Geist physische Entfernung kein Problem ist, kamen die *Yogis* zu dem Schluss, dass Gott eigentlich auch genau hier und jetzt ist. Die *Yoga*-Philosophie besagt, dass alles, was wir sehen, eine Projektion von Gott ist, nämlich *Maya*. Dieser Begriff wird oft als etwas Negatives, als eine Illusion missverstanden. Die *Yogis* verstanden es aber so, dass die manifeste Welt, wie wir sie jetzt sehen, *Maya*, die Projektion, ist. Die gute Nachricht ist, dass Gott jetzt hier, in der Schöpfung, in *Maya*, projiziert ist und man ihm daher leichter begegnen kann. Man muss nicht irgendwo am anderen Ende der Galaxie suchen.

Die nächste Frage ist: „Ich bin aber nur hier als eine physische Inkarnation." Für die *Yogis* ist auch dies nicht die ganze Wahrheit, denn wir sind nicht nur physische Wesen. Diese Botschaft wiederholt sich ständig in der *Yoga*-Philosophie: Wir sind mehr als nur ein physisches Wesen. So wie Gott existieren auch wir gleichzeitig auf zwei Ebenen – einerseits auf der Ebene der Inkarnation in einem physischen Körper, andererseits als nicht inkarniertes Wesen. Die *Yogis* nennen es das ‚Selbst' oder *Atman*. Wir könnten es auch ‚Bewusstsein' nennen.

Die Beziehung zu Gott kann sich zu allem in der Schöpfung hinwenden, zu jedem Namen und jeder Form. Dafür braucht man *Bhava*, ‚Gefühl', ein Gefühl, das ständig gepflegt werden muss und eine Beziehung zu Gott einfach überall, im Inneren wie im Äußeren, ermöglicht, ohne eine Spur von Trennung.

KIRTAN

Kirtan oder Singen ist ein Thema des *Bhakti-Yoga*. Der Sanskrit-Begriff *Bhakti-Yoga* bedeutet eine Haltung der Hingabe an einen persönlichen Gott, an einen universellen Gott, oder was auch immer Gott für einen bedeutet. Es ist ein spiritueller Weg im *Yoga*, der den Glauben und die Hingabe fördert.

In seinem Buch ‚Sadhana' erklärt Swami Sivananda die Qualifikationen für einen *Bhakta*, einen Menschen mit hingebungsvollem Temperament: Bescheiden sein wie ein Grashalm, keinen Wunsch nach Lob oder Respekt für sich selbst haben, stattdessen andere loben und respektieren, und schließlich die ständige Wiederholung des Namens Gottes, *Japa*-Meditation (*Japa* ist das Wiederholen eines *Mantras*)

So übt man *Kirtan* und singt den Namen Gottes mit Hingabe, *Bhava*, nicht aus Emotion, sondern aus Liebe. Das heißt mit *Prem*, hingebungsvoller Liebe, und mit Glauben, *Sraddha*. *Kirtan* bedeutet Lobpreis. Die *Kirtan*-Praxis ist eine einfache Möglichkeit, Freiheit zu erfahren, Freiheit von unserer täglichen Gedanken, mit völliger Hingabe an alles, was wir singen, auch wenn wir am Anfang die Bedeutung noch nicht kennen. Es ist die Musik-Erfahrung, die den Geist beruhigt, und das ist alles, was wir benötigen. Wenn wir in der Stille sitzen, vielleicht irgendwo allein, sind wir mit dieser Meditation oft nicht sehr erfolgreich; vielleicht schlafen wir ein oder bauen Luftschlösser. Die Musik-Methode des *Kirtan* ist dagegen ein ganz müheloses Mittel, um den Geist zu konzentrieren. Je einfacher der Gesang ist, desto mehr kann man loslassen.

Kirtan ist eine der ältesten Traditionen geistlicher Musik, mit Ursprung in Indien. Die Texte der meisten *Kirtan*-Gesänge sind in Sanskrit verfasst, weil Sanskrit mit den Energiezentren, den *Chakren*, verbunden ist. Dies hilft, den Geist zu konzentrieren und die Gedanken schließlich aufzulösen. Dabei verschwinden Angst, Zorn, Eifersucht und allgemeine Negativität.

Swami Sivananda sagt, dass *Kirtan* den Geist und das Herz heilt, weil es den Druck der Sorgen im Geist auflöst. Wir können uns dann entspannen und uns konzentrieren, und genau das ist es, worum es bei *Yoga* geht. Die *Mantras* entfernen die Hindernisse und bringen uns wieder in die Mitte unseres Seins, zur Stille, zu *Shanti*, zum Nichts, zu einem Glück, das keinen Bezug zu einem äußeren Objekt hat.

Musik erweicht selbst das Herz der hartherzigsten Person, und das ist es, was *Kirtan-Bhakti* erreichen will. Die *Kirtan*-Erfahrung geht über die Musik hinaus. Wenn man bereits etwas Musik studiert hat, kann das natürlich nützlich sein, aber man sollte sich nicht hinter dem Argument verstecken: „Ich bin gar nicht musikalisch, ich habe überhaupt keinen Rhythmus", usw. Swami Vishnudevananda hatte nicht viel Rhythmus, aber er liebte es, die Tablas zu spielen, und wir liebten sein Spiel, weil es *Prana* hatte, Glauben, Hingabe und Liebe. So sollte man direkt über den musikalischen Aspekt hinaus in die Praxis gehen. Am Anfang kann man sich vielleicht von jemandem helfen lassen, so dass sich das Ohr etwas schult. Dabei werden gleichzeitig die Synapsen im Gehirn geschult, die natürlich mit dem Geist verbunden sind. Als Meister Sivananda darüber in den 50er Jahren sprach, wollte er es nicht ‚Synapsen', ‚Neurotransmitter' und so weiter nennen. Er sagte: „Durch *Kirtan* öffnen sich neue Wege im Geist."

Dies geschieht auch durch andere Praktiken wie *Asanas* und *Pranayama*, aber *Kirtan* ist ein sehr einfacher Weg zu der Erfahrung, dass man in sich selbst Schwingungsfrequenzen hat, und dass sich diese Frequenzen entsprechend der eigenen Gedanken verändern, und damit auch die Gedanken, die Aura, das Licht und die Farben, die uns umgeben. *Kirtan* ändert diese Frequenz, es erhebt uns, und durch das innere Loslassen in der Praxis hört der Geist auf, zu denken. Er denkt dann nicht mehr an Zorn, Eifersucht, Angst, Hass und Zukunftssorgen.

Wenn wir gemeinsam singen, synchronisieren sich die Schwingungsebenen, man erlebt einen starken *Satsang*. Es ist wichtig, dabei den Körper nicht zu viel zu bewegen, damit die Schwingungsebenen auf die *Nadis* und auf die *Chakras* wirken können. Man sollte sich auf *Ajna-Chakra* oder *Anahata-Chakra* konzentrieren, denn von dort aus erweitern sich die Schwingungsebenen in eine wunderbare Erfahrung von Glück, Licht und Leichtigkeit. Je mehr der Klang zusammenwächst, desto stärker wird die Erfahrung, denn die Texte sind wirklich einfach und wiederholen sich: *Siva, Siva, Siva, Om Namah Shivaya* oder *Subramanya, Subramanya* oder Jesus, Jesus, Jesus, Maria, Maria, Maria, *Om Om Om Om Om Om Om*.

Die Sanskrit-Texte helfen dem Geist, sich von allem zu lösen. Vielleicht versteht man zunächst die Bedeutung noch nicht, aber darüber sollte man sich keine Sorgen machen. Die *Mantras* und die Melodien an sich führen in einen meditativen Zustand. Wenn man es geschehen lässt, kann man im *Kirtan* tiefer meditieren als in der Stille, besonders am Anfang. Man verliert die Angst, man macht positive Erfahrungen, Körper und Geist entspannen sich. Daher sollte niemand auf die Praxis von *Kirtan* herabschauen, es ist eine sehr wichtige Methode, die schließlich zum eigenen Selbst zurückzuführt. Das Selbst ist immer da, aber wir lassen es nicht zu, weil wir geistig so beschäftigt sind. Der Geist verdeckt das Selbst, und kann man das Selbst durch *Kirtan-Bhakti* wiederentdecken. In einer fortgeschreneren Form wird daraus *Nada-Yoga*, ein Weg zur Selbstverwirklichung, zu *Samadhi*.

DIE GÖTTIN

Wenn wir den schöpferischen Aspekt der universellen Kraft oder Gott verehren, nennt die indische Tradition das den ‚weiblichen' Aspekt, die Göttin. Symbolisch wird der schöpferische Aspekt des Universums in der Weiblichkeit gesehen, da die weibliche Form ein Träger des Lebens ist.

Wie ist die Göttin? Wunderschön, göttlich, personifizierte Reinheit. Wenn man sich auf diese Form konzentriert, kann man tatsächlich die reine schöpferische Kraft des Universums fühlen. In Form von *Durga* reinigt sie das Universum. Sie reinigt, indem Sie kommt und die Köpfe der Dämonen abschneidet, die Köpfe der negativen Kräfte, denen wir irgendwie erlaubt haben, sich in uns zu formen. ‚Negativ' bedeutet hier ‚getrennt'. Wir haben selbst zugelassen, dass dieses innere Getrenntsein an Kraft gewonnen und mehr Platz eingenommen hat. Irgendwann kommt die Göttliche Mutter *Durga* und sagt: „Genug, genug von dieser Trennung. Wenn Du sie noch weiter in Dir wachsen lässt, wird sie dich töten." *Durga* kommt, um unsere Dämonen zu töten. Davor haben wir Angst, weil wir uns mit den Dämonen identifizieren. Aber *Durga* tötet nicht uns, sie tötet diese begrenzten Überzeugungen, die Angst, den Hass usw. Sie kommt, um uns von der Verhaftung an diese Gefühle zu befreien.

Sobald diese Reinigung abgeschlossen ist, wird *Lakshmi* den Vorgang übernehmen. *Lakshmi* ist der Kanal für Positivität, Schönheit, Großzügigkeit, Mitgefühl, Liebe und Herrlichkeit – alle positiven Eigenschaften.

Wenn wir diese Eigenschaften in uns in Form der Göttin *Lakshmi* eingeladen haben, wenn wir mit Schönheit und Herrlichkeit erfüllt sind, dann kann der letzte Schritt erfolgen, die Intuition kann aufgerufen werden, die Fähigkeit, zur selben Zeit das Bewusstsein und den inkarnierten Körper zu erfahren. Wir spüren diese Verbindung und sie ist von Dauer. Das ist die Göttin *Saraswati*.

DER INNERE WEG

DEN YOGAWEG BEGINNEN

Wenn man beginnt, *Yoga* zu praktizieren, stellt sich häufig die Frage: Ist *Yoga* wirklich geeignet für den Westen? Die Antwort ist ein klares „Ja". *Yoga* bezieht sich auf Aspekte, die allen Menschen gemeinsam sind.

Aus dem breiten Spektrum der *Yoga*-Praxis wählte Swami Vishnudevananda *Asanas* und *Pranayama*, Körperstellungen und Atemübungen, als die grundlegende Praxis. Diese Praxis an sich bringt bereits ein Gefühl inneren Friedens. Sie umfasst Dehnung, Atmung und Entspannung. *Asanas* und *Pranayama* müssen gründlich unter der Anleitung eines erfahrenen Lehrers geübt werden. Wenn man ausschließlich alleine praktiziert, ist es schwierig, den Widerstand der eigenen Gedanken zu überwinden. Denken ist eine Gewohnheit, und unzählige Gedanken entstehen automatisch, ohne dass man sich dessen bewusst ist. Es kann 7–8 Jahre dauern, bis die Gewohnheitsgedanken gereinigt sind. Das mag lange erscheinen, ist es jedoch nicht. Man sollte sich vor falschen Versprechungen für raschen Erfolg hüten.

Jeder hat dasselbe kollektive Gedankenbewusstsein und dafür gibt es nur eine sichere Lösung: Entspannung, Konzentration und die Entwicklung neuer Gewohnheiten. Unsere gesammelten Gedanken entstammen nicht nur diesem Leben, sondern kommen auch aus früheren Leben. Sie manifestieren sich deutlicher in diesem Leben, da unsere Zeiterfahrung in der Gegenwart intensiver ist. Im gegenwärtigen Moment bewegen sich unsere Gedanken schneller und schneller. Dies allein kann zu Krankheiten führen, wenn wir nicht lernen, mit der Zeit als solcher mutig und bescheiden umzugehen.

Computer, Faxgeräte, Telefone und Flugzeuge haben unsere Erfahrung von Zeit stark beeinflusst. Vor einigen Jahren hätte es noch eine Woche gedauert, einen Brief von Amerika nach Europa zu schicken und eine weitere Woche um eine Antwort zu erhalten. Heute gibt es Faxgeräte und E-Mail, und die Antwort kommt unmittelbar zurück. Wir sind wie in einer Zeitmaschine gefangen.

In dieser Situation wird *Yoga* sogar noch wichtiger, da wir lernen, auf der Matte zu liegen und alles loszulassen, um nach innen zu gehen, in einen

Raum frei von Fax, Handys und Computern. *Yoga*-Seminare eignen sich sehr gut dafür, doch man sollte versuchen zuhause ähnliche Bedingungen zu schaffen und dann mit viel Geduld die Praxis beginnen. Denken Sie nicht: „Ich bin nicht flexibel, ich hatte bereits mehrere Operationen. Mein Arzt hat mir geraten, keine körperliche Übungen außer Physiotherapie zu machen." Oder: „Ich praktiziere ja bereits klassischen Tanz, Aerobic und Joggen. *Yoga* ist viel zu statisch und langweilig." *Yoga* ist in der Tat das einzige System, das körperliche und geistige Übungen auf ganzheitliche Weise vereint. Es gibt kein anderes System, das so einfach ist wie *Yoga-Asanas*. Alles was für die Praxis benötigt wird, ist eine Matte und ein zeitloser Raum, frei von all den oben genannten Geräten. Und dann gilt es, mit Ruhe, Bescheidenheit und Verhaftungslosigkeit zu üben, ohne ein bestimmtes Ziel zu verfolgen. Das ist nicht einfach, da wir in den Yogastellungen nach schnellen Ergebnissen und Erfolgen suchen. Es gilt, den Körper an jedem Tag so zu akzeptieren, wie er ist, und die *Asana* so gut auszuführen, wie es am jeweiligen Tag möglich ist. Dies ist Perfektion in der *Asana*. Wir müssen lernen, uns zu entspannen und loszulassen. Die Übungen stimulieren die Akupunkturpunkte entlang der astralen Meridiane oder *Nadis*. Dieser Effekt kann von allen Menschen erfahren werden, unabhängig von der Flexibilität, die sich dann mit der Praxis automatisch verbessert.

ERNÄHRUNG

Asanas, *Pranayama* und richtige Entspannung führen zu einem erhöh-ten Körperbewusstsein und zu einer inneren Zustand, der sich mit schwerem Essen nicht vereinbaren lässt. So beginnt man ganz natürlich, nach neuen Essgewohnheiten zu suchen. Es kann zwei oder drei Jahre dauern, um einen Mittelweg in der Ernährung zu finden. Zu Beginn der *Yoga*-Praxis ist es nicht nötig, sofort Vegetarier zu werden. Es ist besser, Veränderungen schrittweise einzuführen, sonst kann man am Ende als sozialer Außenseiter behandelt werden. Jeder muss nach und nach die am besten geeignete Ernährungsform finden, ohne extrem zu werden. Das Ziel jedes Yogapraktizierenden ist eine vegetarische Ernährung, die in perfekter Harmonie mit dem Lebensstil von *Asanas*, *Pranayama* und Kontemplation steht. Swami Sivananda und Swa-mi Vishnudevananda haben sich häufig auf die Wissenschaft des *Ayurveda* bezogen, aber es gibt natürlich auch eine Reihe westlicher vegetarischer Ernährungssysteme, die reinigend wirken. Ein starker Körpergeruch während der *Asana*-Praxis oder in der Sauna ist ein klarer Hinweis darauf, dass Fasten nötig ist. Längeres Fasten sollte jedoch unter Anleitung und Aufsicht eines Arztes durchgeführt werden. Eine einfache Möglichkeit ist es, einen Tag pro Woche mit warmem Wasser oder Tee zu fasten, günstig ist ein normaler Tag, an dem man nicht zu beschäftigt ist. Zungenschaber und *Neti*-Kännchen sollten morgens und abends verwendet werden, um angesammelte Giftstoffe und Schleim von der Zunge und aus der Nase zu entfernen.

Die regelmäßige Praxis von *Yoga*, Fasten und veränderter Ernährung machen uns versteckte Schwächen unseres Körpers erst bewusst, z.b. Bluthochdruck, hohe Cholesterinwerte, schlechte Essgewohnheiten, zu wenig trinken oder eine trockene Haut – man war sich vieler dieser Dinge vorher nicht bewusst.

VERHAFTUNGSLOSIGKEIT UND MEDITATION

Wenn sich die Yogapraxis vertieft, erfährt man ein inneres spirituelles Erwachen. Wahrscheinlich üben 90% aller *Yoga*-Praktizierenden nicht aus spirituellen Gründen. Man muss verstehen, dass die Spiritualität im *Yoga* nichts mit Indien zu tun hat. Es handelt sich um die universelle Spiritualität des Menschen, das Erkennen der Wahrheit durch die mentale Haltung der Meditation. Es ist eine direkte Erfahrung, die über den Verstand hinausgeht.

Diese mentalen Aspekte des *Yoga* sind sehr interessant. Es kann jedoch mehrere Jahre dauern, sie wirklich in das tägliche Leben zu integrieren, da man zu Beginn einen Konflikt mit der christlichen, jüdischen oder einer anderen philosophischen Tradition, in der man aufgewachsen und erzogen wurde, spüren kann.

Die *Yoga*-Techniken haben östliche Namen, aber es gibt weder ein östliches noch ein westliches Ziel der Praxis, es gibt nur ein Ziel, die Vereinigung von Körper, Geist und Seele – ein Ziel, das man nach und nach durch die eigene Praxis versteht. *Yoga* akzeptiert alle Religionen und bietet gleichzeitig viele Techniken, die in der eigenen Religion praktiziert werden können und die Einheit von Körper, Geist und Seele zum Ziel haben. Das Wort *Yoga* bedeutet Einheit, die Einheit von dem, was wir glauben zu sein und dem, was wir wirklich sind.

So begeben wir uns auf einen langen inneren Weg mit unzähligen Fragen, Zweifeln, Abenteuerlust, innerer Unruhe, Hoffnungen und vielem mehr. In den ersten ein, zwei Jahren verfolgen die meisten Menschen die geistigen Aspekte des *Yoga* nicht aktiv. Man hört viele Vorträge, lernt viele Dinge, ohne sie wirklich aufzunehmen. Das Interesse ist nicht da. Das Bewusstsein ist noch nicht geweckt.

Aber schließlich stellen sich innere Fragen. Man ist bereit, neue Wege zu beschreiten: Jetzt ist man in der Lage, sich der tiefen Bedeutung des *Yoga* zu öffnen.

YOGA-PRAXIS – DER NÄCHSTE SCHRITT

Man hat bereits mit *Asanas* und *Pranayama* begonnen, man hat gelernt sich tief zu entspannen und sich auch in der *Asana* nicht zu bewegen. Nun möchte man mehr. Swami Vishnudevananda würde sagen, dass der nächste Schritt auf dem *Yoga*-Weg darin besteht, den Geist zu konzentrieren und sich dann der verschiedenen Ebenen, der Hüllen unseres Körper-Geist-Seele-Systems bewusst zu werden und sie dann zu erheben. Sich zu konzentrieren, heißt sich zentrieren, denn die meiste Zeit sind wir nicht bei uns, wir schauen nach außen, wollen dieses und jenes und werden von allen möglichen Eindrücken abgelenkt und deshalb ruhelos. Man vergleicht und fragt sich: „Wie sehe ich aus? Bin ich dünn genug, groß genug, reich genug, schön genug? Bin ich im Trend oder nicht? Was soll ich essen? Was soll ich nicht essen? Was soll ich lesen? Was soll ich tun? Wie soll ich an meinem Image arbeiten?" All dies ist außerhalb von uns selbst und so ist die erste große Aufgabe im *Yoga*: Wie kann man sich konzentrieren? Wie kann man zu seinem inneren Selbst kommen? Dies ist nicht nur durch Willenskraft allein möglich. Willenskraft ist wichtig, aber sie muss durch Hingabe unterstützt werden. Hingabe bedeutet hier, dass es etwas gibt, an dem wir Interesse haben, etwas wofür wir uns Zeit nehmen wollen. Diese Konzentration muss uns wichtig sein, man möchte es gerne schaffen, man findet es notwendig für sich selbst und man sieht, dass es notwendig ist. Mit Willenskraft allein würde die Praxis bald sehr trocken werden. Am Anfang ist alles aufregend! Wissen ist immer spannend, aber wenn es nur theoretisches Wissen ist, bleibt es oft flach. Dann nimmt die Willenskraft ab, oder man wird starr und verfängt sich in Regeln und Vorschriften, wird kritisch, selbstgerecht und sehr steif.

Daher ist es einer der nächsten Schritte im *Yoga* zu erkennen, dass Willenskraft allein nicht ausreicht. Das Wissen und die Praxis müssen neu belebt werden. Man muss überprüfen: „Warum mache ich das? Ist die Routine immer noch gut für mich oder muss ich sie ein wenig an meine individuellen Gegebenheiten anpassen?" Wenn die notwendigen Anpassungen einmal gemacht sind, dann findet man auch wieder Zeit und Interesse und kommt weiter.

Willenskraft, Ausdauer, Interesse – all dies ist sehr wichtig, aber wenn dem keine Hingabe hinzugefügt wird, wird die innere Entwicklung stagnieren. Echte Bescheidenheit entsteht aus Hingabe und Wissen. Demut kommt, wenn wir wirklich verstanden haben, dass unsere eigene Existenz nicht das Wichtigste ist, sondern dass wir mit allen anderen Existenzen im Universum verbunden sind.

ABHYASA

Unter dem Begriff *Abhyasa* versteht man im Allgemeinen das ständige Bemühen, sich immer an das wahre Ziel des Lebens zu erinnern. *Abhyasa* ist eine geistige Technik, die im Alltag angewendet werden kann. Drei Begriffe sind in diesem Zusammenhang von grundlegender Bedeutung: *Satya*, *Ahimsa* und *Saucha*. *Satya* bedeutet Wahrhaftigkeit, *Ahimsa* Gewaltlosigkeit und *Saucha* Reinheit. Diese Themen werden auch in anderen Religionen behandelt und werden von Swami Sivananda als eine wichtige innere Praxis im Rahmen des *Abhyasa* betrachtet. Sie sollten immer befolgt und respektiert werden. Gemäß Swami Sivananda bewahrt Wahrhaftigkeit (*Satya*) Harmonie, und so muss man darauf achten, durch das Prinzip von *Satya* das Gebot von *Ahimsa* nicht zu verletzen; es ist besser, nichts zu sagen, als eine andere Person durch Ehrlichkeit zu verletzen. Für Swami Vishnudevananda war das sehr wichtig und er betonte häufig: „Seid vorsichtig im Umgang mit Wahrhaftigkeit. Wir dürfen nicht jemanden durch Aussagen, mögen sie auch wahr sein, verletzen." Ein weiteres Problem ist, dass die Worte wahr sein können, aber auch verwendet werden, um zu manipulieren: „Oh, du siehst so gut aus!", und insgeheim erhofft man sich, dadurch ein gutes Geschäft zu machen. Wahre Worte werden weniger ehrlich, wenn sie verwendet werden, um ohne Wiederstand zu kommunizieren. *Patanjali Maharishi* sagt in den *Raja-Yoga-Sutras*, dass ein absolut wahrhaftiger Mensch enorme Macht hat. Nicht Macht zum eigenen Vorteil, sondern weil alles, was er oder sie sagt, tatsächlich wahr werden wird. Noch heute gehen Menschen in Indien zu Heiligen und fragen:

„Was wird aus mir werden?" Und wenn die Antwort lautet: „Alles wird gut!", und man davon überzeugt ist, dass die Antwort von einem echten Heiligen kam, dann wird auch alles gut sein. Zweifellos wird auch alles gut sein, weil der Fragensteller einfach daran glaubt oder vielleicht sind auch die starken Gedanken des Heiligen die Ursache – wahrscheinlich beides. Das Wort einer wirklich wahrhaftigen Person hat eine unglaubliche Macht. Wenn ein *Yoga*-Praktizierender sagt: „Probieren Sie es einfach, *Yoga* hilft, es ist so nützlich im Alltag", und wenn man dann weiß, dass diese Person ehrlich und wahrhaftig in Worten und Gedanken ist, dann glaubt man das einfach.

Die Praxis dieser Wahrhaftigkeit ist aufgrund des Egos nicht so einfach. Schüchternheit zum Beispiel ist ein Ausdruck von ,*Asat*' oder der Nicht-Wahrhaftigkeit. Ein echter Meister wie Swami Vishnudevananda hat seine Schüler immer ins Rampenlicht gestellt, ganz nach vorne, sodass Schüchternheit, die nichts als ein Ausdruck von Ego ist, langsam, langsam abnimmt. Die Tendenz ist in der Regel: „Ich möchte keine Fehler machen, ich will der Beste sein." ,Im Rampenlicht stehen' könnte bedeuten, auf einer Bühne sprechen oder singen zu müssen. Laut Meister Sivananda wird „ein schüchterner Mensch niemals erfolgreich sein". Jemand, der sich immer versteckt und anpasst und das Leben mit so wenig Widerstand wie möglich leben möchte, wird nicht *Satya*, Wahrhaftigkeit, entwickeln.

Nach *Patanjali* sind die Worte eines Menschen, der in Wahrheit lebt, eine Spiegelung des *Atman*, des Selbst, *Sat* in Sanskrit. *Sat* ist das Selbst, der *Atman*, und *Satya* ist die Wahrheit, hüllenlos, unverfälscht, direkt von *Sat* oder *Atman* kommend. Die *Upanischaden* bezeichnen das als wirklich, was sich nicht verändert und unendlich ist und das Endliche als *Asat*, als das was sich verändert, im Gegensatz zum ,Wahren' oder ,Wirklichen'.

Durch die Verbindung von *Satya* und *Ahimsa* kann *Saucha*, Reinheit entstehen. *Saucha* ist eine reine Energie, die aus *Satya* und *Ahimsa* entsteht. Eine Person, die *Saucha* praktiziert, strahlt Reinheit aus, und dies strahlt auf ihre Umgebung aus. So wie man ein Haus putzt oder gründlich für einen hohen Besuch reinigt, versteht man unter *Saucha*, alles immer ordentlich auf hohem Niveau zu halten. Natürlich ist *Saucha* mehr als äußere Reinheit oder auch innere Reinheit in Form von Fasten. Vielmehr entwickelt sie sich mit der Erweiterung des Bewusstseins, die sich aus Wahrhaftigkeit und Gewaltlosigkeit ergibt.

Die *Upanischaden* sagen, dass Licht, *Jyothi*, die Wahrheit ist. Denken wir an das *Arati*, das Ritual, bei dem Licht geschwenkt und von das *Mantras* begleitet wird. Dies hilft, sich daran zu erinnern, dass dieses Licht, diese Wahrheit, in uns ist. So wird das Ritual des *Arati* zu *Abhyasa* und erinnert uns an das Ziel: „Ich bin Licht, ich bin *Sat*. Das ist, was ich wirklich bin. Das Licht der Lichter, die letztendliche Wirklichkeit, das höchste Ziel, *Moksha*, die Wahrheit."

Abhyasa bedeutet, tief in die Struktur des eigenen Seins einzutauchen. Swami Vishnudevananda verwendete das Beispiel eines dicht gewebten Stoffs. Es ist schwierig, diesen Stoff zu ändern, denn es gibt so viele feine Fäden und jeder einzelne muss ausgewechselt werden, um aus dem Stoff etwas anderes zu machen. Swamiji sagt, dass wir ebenso dicht gewoben sind. Um uns wirklich in einen anderen ‚Stoff', eine andere Art des Seins zu ändern, müssen viele Fäden ausgetauscht werden. Es gibt so viel zu tun, und das ist *Abhyasa*.

Vedanta sagt, unsere wahre Natur ist *Sat-Chid-Ananda*, absolutes Sein – absolutes Wissen – absolute Wonne. *Abhyasa* ist die ständige Erinnerung daran, dass man mehr ist, als nur ein physikalisch-biologisches Bündel, mit dem man sich identifiziert, wenn man in den Spiegel schaut. Es hilft, darüber nachzudenken, wie jeder Mensch sich ständig verändert. 30 Jahre alte Fotos zeigen eine völlig andere Person, und wenn wir uns daran erinnern, welche Gedanken wir zu dieser Zeit hatten, und wie wir uns damals fühlten, erkennen wir, dass diese Veränderung nicht nur physisch ist. Das ist ein wichtiger Aspekt im *Yoga*: es gibt etwas Unveränderliches. *Abhyasa* ist die Praxis, sich daran ständig zu erinnern und dies nie zu vergessen.

TAPAS, SELBSTDISZIPLIN

Das Haupthindernis auf dem inneren Weg ist der Mangel an Disziplin. Sobald wir uns dessen bewusst sind, werden wir nach und nach versuchen, unsere eigene Disziplin aufzubauen. Swami Sivananda gibt viele Beispiele, wie man dies auf einfache Weise tun kann, beispielsweise durch *Mouna*, Schweigen oder die Disziplin der Sprache. Dies bedeutet nicht, nicht zu sprechen, wenn wir alleine sind, sondern zu Schweigen inmitten eines geschäftigen Tages, ohne dies jedoch durch ein Schild vor der Brust kundzutun: „Ich bin in *Mouna*." Es bedeutet, sich die Dinge entwickeln zu lassen, ohne sofort einzugreifen. Das ist eine bewährte Möglichkeit, wirkliche Selbstdisziplin zu entwickeln.

Was man üblicherweise als Selbstdisziplin kennt, ist zum Beispiel früh aufzustehen, da man sonst seinen Job verlieren würde, oder das Auto richtig zu warten, damit es verlässlich fährt, oder sich maßvoll zu ernähren, um nicht zuzunehmen, oder gut auszusehen, um einen Partner zu finden. Wir könnten auch stundenlang lernen, um einen Abschluss zu machen, der es uns ermöglicht, uns beruflich weiterzuentwickeln. Dies sind Beispiele für von außen angeregte Selbstdisziplin. Sie hilft uns nicht bei unserem spirituellen Wachstum. Selbstdisziplin bedeutet innerer Verzicht, wahre Entsagung ohne ein konkretes Ziel außer einer höheren Ebene der Gedankenkontrolle. Dies ist eine ganz andere Motivation für Selbstdisziplin und viel schwieriger als die Art der Disziplin, die zu direkten Ergebnissen führt. Swami Sivananda schlägt sehr einfache Techniken vor: eine Stunde *Mouna*, eine Weile keinen Zucker zu essen, wenn wir daran gewohnt sind und ihn nicht mit Honig oder Süßstoff zu ersetzen, Fernsehen, Musik, Zeitungen aufzugeben, oder zu bestimmten Tageszeiten nicht zu telefonieren. Jede dieser Übungen bildet heutzutage *Tapas* oder Askese. Man ersetzt diese Tätigkeiten durch *Yoga*-Praxis oder Meditation.

Wenn man versucht, den Geist zu kontrollieren, beginnt er, auf alle möglichen Arten scheinbar intelligent zu handeln. In Wirklichkeit aber handelt er rein instinktiv. Als wenn man ein Tier, das instinktiv nach Nahrung sucht und diese in sein Nest bringt, für seine Intelligenz loben würde und sagt: „Oh, wie intelligent dieses Tier doch ist." Damit ignoriert man die Tatsache, dass es sich hier bloß um den Instinkt handelt. Es ist derselbe Instinkt, den auch wir in uns haben und der uns in dem Moment zu täuschen beginnt, in dem wir anfangen, unseren eigenen Geist zu kontrollieren. Das Erkennen unserer eigenen Instinkte ist Teil der Selbsterkenntnis, und es ermöglicht uns, diese langsam zu sublimieren, ohne dabei ins Extrem zu gehen oder sie zu unterdrücken und unsere innere Ruhe aufrecht zu erhalten und jeglichen revolutionären Zustand zu vermeiden. Sobald wir in Extreme gehen, führt das zu einer Revolution im Inneren, und wir müssen zwangsläufig wieder von vorn beginnen. Das passiert leicht, wenn wir nicht richtig informiert sind oder auch wenn wir aufgrund fehlender Führung versuchen, uns zu schnell zu entwickeln.

Tapas oder Selbstdisziplin muss sorgfältig und schrittweise und gemäß den persönlichen Fähigkeiten angewandt werden. Es ist wie mit einem heißen Bad – man muss die Temperatur überprüfen, bevor man ins Wasser steigt. Man kann nicht einfach ins Wasser springen und dann feststellen, dass es zu heiß war. Man kann dann etwas mehr warmes oder kaltes Wasser hinzufügen und dann einfach in die Badewanne gleiten. Dies gilt immer wenn man Verzicht übt. Geben Sie nicht alles sofort auf: keinen Alkohol mehr, kein Fleisch, kein Fisch, nur noch Salat, 2–3 Stunden pro Tag *Asanas* praktizieren, um 5 Uhr aufstehen um 6 Uhr meditieren und dann zur Arbeit gehen. Bald werden die Kollegen aufmerksam werden und fragen: „Was ist los mit Dir? Deine Augen sind so dumpf, Du bist so blass, Du hast Mundgeruch, was machst Du denn?" „Oh, ich mache *Yoga*", wirst Du dann antworten und sie werden sich abwenden und denken: „Noch so ein Fanatiker, er oder sie muss in eine Sekte geraten sein."

Eine ausgewogene Praxis kann auf den berühmten fünf Punkten des *Yoga* von Swami Vishnudevananda basieren: richtige Körperübungen (*Asanas*), richtige Atmung (*Pranayama*), richtige Entspannung (*Savasana*), richtige Ernährung (vegetarisch), positives Denken und Meditation (*Vedanta* und *Dhyana*).

Praktiziert *Asanas* und *Pranayama*. Lernt, Euch durch echte Verhaftungslosigkeit trotz aufreibender Ereignisse zu entspannen. Nehmt euch Zeit, die Ernährung umzustellen, vor allem wenn Ihr noch am Anfang der Praxis steht. Schließlich wird positives Denken zu Meditation führen, und *Mantra*-Wiederholung ist ein wunderbares Werkzeug, um dies zu tun.

So legt man sein *Tapas*, seine Selbstdisziplin fest – man entscheidet selbst durchzuhalten und man kommt auf dem Inneren Weg voran.

DAS SCHWINGUNGSNIVEAU ANHEBEN

Yoga ist eine Allround-Entwicklung, wir verändern uns einfach. Unsere Individualität wird aus unserem Ego gebildet, indem wir Unterschiede sehen: alt/jung, männlich/weiblich, Nationalität und so weiter. Diese individuelle Identität verschwindet, wenn sich die Schwingungsebene unseres ganzen Seins erhöht.

Es gibt mehrere Möglichkeiten das Schwingungsniveau anzuheben. Erstens durch die Praxis von *Asanas* und *Pranayama*, der physische Aspekt, was leicht erfahren werden kann, einfach weil wir uns besser, gesünder, vitaler und flexibler fühlen, weil wir unser physisches Instrument besser beherrschen und uns dann frei und glücklich fühlen. Um die Schwingungsebene der physischen Hülle zu erhöhen, müssen wir *Asanas* und *Pranayama* praktizieren, uns vegetarisch ernähren, Substanzen wie Alkohol, Zigaretten, Drogen, Kaffee, schwarzen Tee, Knoblauch, Zwiebeln, Pilze oder Eier vermeiden. Swami Vishnudevananda riet, für eine Zeitlang, zum Beispiel ein Jahr, in einem *Ashram* oder einem Yogazentrum zu leben, um den *yogischen* Lebensstil zu lernen und zu praktizieren und so sein Schwingungsniveau zu erhöhen und dadurch fähig zu sein, den Alltag gut zu bewältigen.

Es ist relativ einfach, die körperliche und die vitale Hülle durch *Asanas* und *Pranayama* zu erheben, und die meisten Menschen, die die Praxis gelernt haben, spüren dies auch. Die Schwingungsebene der geistigen Hülle zu erhöhen, ist jedoch ein großer Schritt. Hier können wir nicht behaupten, dass wir keine Zeit haben. Für *Asanas* und *Pranayama* benötigen wir ein wenig Zeit, eine halbe Stunde, 45 Minuten, aber um die mentale Ebene zu erhöhen benötigen wir keine extra Zeit, es läuft parallel.

Das war Swami Vishnudevanandas Hoffnung für Welt. Er sagte, dass es Frieden in der Welt geben wird, wenn die geistige Schwingungsebene, die der Sitz der Emotionen ist, erhöht wird, und die niedrigen geistigen Ebenen wie Lust, Zorn, Gier, Hass, Eifersucht, Neid und Angst abnehmen. Meister Sivananda hat dies auch in das Universelle Gebet eingefügt, damit wir es nicht vergessen. Mit diesen Eigenschaften zu arbeiten, ist nicht leicht. Wir müssen mit unseren Gewohnheiten arbeiten und auf Umstände reagieren und uns fragen: „Löse ich meine Probleme durch Wut, Angst, Eifersucht, und so weiter? Wie habe ich die Lösung dieser Probleme bei anderen beobachtet, bei meinen Eltern, Verwandten, Freunden und Lehrern? Friedlich? Wurden Probleme versteckt, unter den Teppich gekehrt? Oder durch Wutausbrüche gelöst?" Wir können dies mit einer Therapie lösen oder aber einfach die Lehre des *Yoga* anwenden, singen, ein *Mantra* wiederholen, eine *Mala* benutzen, und am wichtigsten: in einer hilfreichen Umgebung leben, hilfreich deshalb, weil das Zusammenleben mit Menschen, die dieselbe Reinigung durchleben, unsere eigenen Probleme an die Oberfläche bringt. Das geistige Schwingungsniveau zu heben ist schwierig, aber es ist unbedingt nötig auf dem inneren Weg: Wir sind uns des geistigen Mülls, den wir mit uns tragen bewusst, und dafür ist niemand anderer verantwortlich als wir selbst, und wir müssen damit umgehen. Singen hilft sehr, und es ist uns freigestellt, welche erhebende Musik wir wählen, wir können *Mantras* singen, aber genauso Lieder jeder anderen Tradition. Wir können beten und mit Affirmationen arbeiten. Die geistige Ebene muss erhoben werden, und das ist das Ziel des Singens, der Mantrawiederholung, der *Pujas*, der Heiligen Messe, aller religiösen Zeremonien oder des Lesens spiritueller Bücher. Wir können morgens einen Vers lesen und uns den ganzen Tag darauf konzentrieren und uns daran erinnern.

Von der mentalen Ebene gehen wir auf die intellektuelle Ebene. Die geistige Ebene muss noch nicht vollkommen gereinigt sein, aber sie muss genau beobachtet werden, man darf nicht locker lassen. Die mentale Ebene darf nicht vernachlässigt werden, da sonst, wenn das intellektuelle Niveau zu entwickelt ist und das geistige Niveau nicht weit genug ausgebildet ist, das Ego steigt und man egoistisch und eingebildet wird und denkt, dass alle anderen dumm und ungebildet sind. Hier hilft wiederum *Karma-Yoga*. Wir kommen in Situationen, in denen wir kein Experte sind, und es ist vorauszusehen, dass wir Fehler machen werden. Später, wenn wir die Unzulänglichkeiten anderer Menschen sehen, empfinden wir Mitgefühl und urteilen nicht, da wir in derselben Situation waren. Wir bezeichnen Menschen als weise, die über das Leben reflektiert haben, Fehler akzeptieren, die bescheiden und geduldig sind, die ihre Prinzipien haben aber nicht starr sind, die ihren Geist gereinigt haben und ihren Intellekt für folgende Fragen benutzen: „Wer bin ich? Bin ich der Körper? Bin ich der Geist? Bin ich meine Gefühle?" Und die Antwort darauf ist: *„Neti-Neti*, ich bin nicht dies, ich bin nicht das."

Wir versuchen es gerne erst mal mit Philosophie, bevor wir anfangen zu praktizieren, was möglich ist, doch die Ergebnisse werden weniger fruchtbar sein. Die Reinigung der körperlichen, geistigen und intellektuellen Hülle muss parallel laufen.

Schließlich wird die letzte Hülle in Angriff genommen, die Wonnehülle, *Ananda*, die wir nur im Tiefschlaf ein wenig erfahren, jene Ebene, auf der wir uns vollkommen entspannen und uns mit dem eigenen Selbst identifizieren. Das gleiche friedvolle Gefühl kann sich durch selbstloses Handeln, Teilen oder verschiedene wohltätige Handlungen einstellen. Auch dann berühren oder aktivieren wir diese Wonnehülle, wenn wir echtes *Karma-Yoga* machen, aus Liebe und Hingabe, wenn wir einen Teil von uns selbst geben. Soziologen, die Studien zum Glücklichsein machen, haben festgestellt, dass das Glück am längsten anhält, wenn wir etwas geben können, unabhängig davon ob jemand sehr reich, reich, mittelreich oder arm ist. Es können Zeit, Geld oder materielle Güter sein. **Wir tappen oft in diese Falle, wenn wir versuchen,** Glück zu kaufen, um materielle Dinge zu haben; *Yoga* sagt, dass Glück, dauerhaftes Glück, erreicht werden kann und permanent sein kann. Es wird auf der Ebene der Wonne, der *Ananda*-Ebene gespürt, wenn wir unsere Zeit, unsere Dinge und unsere Liebe mit anderen teilen. Dies ist gut für die Gesellschaft und auch gut für die Wonnehülle, jener Ebene, die am schwierigsten erhoben werden kann, da sie so tief im Inneren ist, ganz in der Nähe der Seele. Es ist die bedingungslose Liebe, die diese Schwingungsebene aktiviert und erhöht.

VON DER HANDLUNG ZUR MEDITATION

Wenn es um Meditation geht, kann man über viele Dinge und in einer sehr abgehobenen Art und Weise sprechen, aber Swami Sivananda und unser direkter *Guru* Swami Vishnudevananda waren sehr praktisch veranlagte *Gurus*. Sie brachten alles auf eine praktische Ebene, zum Beispiel zum *Karma Yoga*, dem Ausgangspunkt für *Dhyana* oder Meditation, wie sie in den *Upanischaden* erläutert wird.

Um lange meditieren zu können, um den Geist lange ruhig halten zu können, müssen die eigenen Handlungen fest im *Yoga* etabliert sein. Es ist eine falsche Vorstellung zu glauben, dass es ausreicht, einen ruhigen Ort zu haben, ein paar *Asanas* zu praktizieren und sich dann hinsetzen und meditieren zu können. Der Geist wird nicht mitmachen. Für tiefe Meditation muss der Geist richtig vorbereitet werden. Sie können einen Konzentrationspunkt, guten Willen und den richtigen Platz haben, aber der Geist wird trotzdem nicht gehorchen. Er muss trainiert werden zu gehorchen, indem er Dinge tut, die er vielleicht nicht mag. Und hier kommt *Karma-Yoga* ins Spiel, wo man aufgefordert wird, bei Dingen zu helfen, die jetzt nötig sind, Tätigkeiten in denen man vielleicht nicht perfekt ist. Man lässt dann los: „Ja, ich diene nun und mache genau das, was Gott von mir möchte." Das ist nicht einfach, aber es ist ein wichtiger Schritt zur Konzentration. Das Ego wird abgeschliffen, die Vorlieben und Abneigungen werden wegpoliert und schließlich ändert sich die ganze Lebenseinstellung. Selbstloses Handeln reinigt den Geist, da man nicht so viel an ‚ich und mein' denken kann, was normalerweise unsere Gedanken beherrscht. Es ist das Ego, das die Konzentration nicht zulässt. Der Geist wird immer nach außen gezogen, und wie wir aus dem *Raja-Yoga* wissen, ist der erste Schritt zu tiefer Meditation *Pratyahara*, das Zurückziehen der Sinne und des Geistes.

Um wirklich in der Lage zu sein zu meditieren, muss der niedere Geist zumindest zu einem gewissen Grad unter Kontrolle gebracht werden. Dies kann man praktizieren, indem man während unterschiedlicher Tätigkeiten Gedanken an Gott oder an das Selbst pflegt. Die niedere Geist neigt dazu, uns in ‚ich und mein', selbstsüchtige Aktivitäten, selbstsüchtige Gedanken, *Raga-Dvesha* oder Vorlieben und Abneigungen, Eifersucht, Neid und Angst zu verstricken. Dies nennen wir den niederen Geist, der sehr eng mit dem Unterbewusstsein verknüpft ist, das wiederum all die Dinge enthält, die wir in der Vergangenheit getan und gedacht haben. Also versuchen wir, diesen niederen Geist durch den höheren Geist zu bezwingen, indem wir an Gott denken, Selbstlosigkeit, Mut, Liebe, Hingabe und Vergebung praktizieren und, was am schwierigsten ist, die anderen so sein lassen, wie sie sind, und nicht versuchen, sie nach unserem Geschmack zu verändern.

Der Versuch, den Geist zu erheben und den höheren Geist zu entwickeln, braucht viel Energie, viel *Prana*. Aber irgendwann wird er sich entwickeln und wird mit dem, was wir *Sattva*, Reinheit, nennen, gefüllt werden. Sobald der *Yogi* den niederen Geist und die Sinne unter Kontrolle gebracht hat – das heißt, das Leben der Gewohnheiten – ist der Geist unter allen Bedingungen ausgeglichener und friedlicher. Handlung ist die beste Praxis dafür.

Die Essenz der *Bhagavad Gita* ist Handlung und Sri Krishna sagt zu Arjuna: „Du musst nicht tun, was ich dir sage, aber du musst darüber nachdenken, was du machen möchtest. Deine Handlungen werden Konsequenzen haben; aber du wirst auch durch das Nichthandeln Konsequenzen spüren." Es ist unsere Wahl. Nicht-Handeln ist keine gute Wahl, denn wenn wir nicht handeln, können wir nicht wachsen. Durch Handeln können wir uns selbst korrigieren. Es ist wunderbar, wenn dies in der Gegenwart eines Meisters geübt werden kann und man das Vorbild des Meisters vor Augen hat. Man muss also nur handeln. Man kann nicht still sein. Indem wir handeln können wir auch erkennen, dass wir ethisch vielleicht nicht so weit entwickelt sind wie wir dachten. Wir können viele Dinge intellektuell lernen. Aber dieses Wissen in unseren Charakter zu integrieren ist eine andere Geschichte. Dies kann nur durch Handlungen in der Praxis gemacht werden: Man sieht vielleicht Angst oder Eifersucht, und sieht wie die drei *Gunas* arbeiten, *Tamas*, *Rajas*, *Sattva* – Trägheit, Aktivität, Reinheit. Dann brauchen wir niemanden zu fragen: „Wie bin ich?" Wir sehen und fühlen es selbst. Und es gibt auch andere, die ebenfalls handeln; so haben wir einen perfekten Spiegel vor uns. So wird der Geist trainiert. Es kann Jahre dauern. Wir üben gleichzeitig auch Meditation. Der Geist ist vielleicht noch nicht bereit für tiefe Meditation und hat immer noch Assoziationen aus dem niederen Geist „Meditiere ich schon? Ich bin nicht bereit dafür. Meine Knie schmerzen. Jetzt bin ich wieder eingeschlafen. Kommt es jetzt? Wo ist diese Energie, die nach oben steigen soll?" Der niedere Geist erwartet ständig etwas, ist sehr *rajasig*, sehr anspruchsvoll. Auf einer höheren Ebene ist der Geist spirituell anspruchsvoll, aber immer noch anspruchsvoll, und dies stört die Konzentration, den Frieden, und damit die subtile Energie, die uns aus unseren gewohnten Denkmustern heben soll. Wenn der Geist nicht durch Vorlieben und Abneigungen oder *Raga-Dvesha* beeinflusst wird, dann kann die innere Kraft, das höhere Selbst, die innere Stille erfahren werden. In diesem Zustand fordert der Geist nichts und ist bedingungslos gegenüber allen Dingen, die um uns herum passieren, und damit bereit, zu meditieren.

SICH MIT DER ENERGIEQUELLE VERBINDEN

Normalerweise wird Intelligenz mit Denken gleichgesetzt, aber echte Intelligenz geht weit über das Denken und auch über logisches Denken hinaus – es ist nicht unlogisch, ist aber jenseits der Logik. Ein einfacher Weg, um es zu beschreiben wäre ‚Stille'. Aber wie lange können wir unseren Geist still halten, ohne zu denken? Es ist schwierig, einfach nur ein stummer Zeuge zu sein, sogar für ein paar Sekunden. Es heißt, sich für 12 Sekunden zu konzentrieren, ist *Dharana*, und das ist bereits ein sehr hoher Zustand der Konzentration. Aber selbst wenn wir uns nur für ein paar Sekunden konzentrieren können, erhalten wir daraus Stunden an Energie, mehr, als wir von acht Stunden Schlaf erhalten. Tatsächlich ist die Essenz aller *Yoga*-Techniken, zu versuchen, diese Energiequelle, Gott, oder wie immer man sie nennen möchte, für ein paar Sekunden, oder auch länger zu berühren; selbst ein paar Sekunden geben uns das Gefühl verjüngt, erneuert zu sein. Je länger wir uns konzentrieren können, desto mehr werden wir verjüngt, und das ist das Geheimnis der Meister. Wenn wir das Leben von Swami Sivananda betrachten, haben wir das Gefühl, dass die Menge an Arbeit, die er tragen konnte, nicht mehr menschlich war. Was war sein Geheimnis? Er war in Kontakt mit der Quelle der kosmischen Energie.

Es macht etwas mit unserem Körper. Es macht etwas mit unserem Gehirn. Es macht etwas mit all unseren Zellen. Es ist nichts, was auf einer höheren Ebene passiert, getrennt vom physischen Körper, es passiert hier, in unserer DNA, alles ist auf diese Energiequelle ausgerichtet, alles vibriert auf einem sehr hohen Energieniveau, alles ist im Einklang und wir fühlen uns außerordentlich gut. Wir sind vielleicht nicht in der Lage, dies für lange Zeit zu halten, denn der Geist fällt zurück in einen weniger harmonischen Zustand des Denkens und Fühlens, zurück in einen weniger harmonischen Zustand in unserem Körper, da es eine unmittelbare Reaktion in jeder Zelle gibt auf all das, was sich im Bewusstsein abspielt. Wir wären in der Lage, uns selbst schneller zu heilen, wenn wir fähig wären, uns auf diese kosmische Energie, diese Energiequelle auszurichten.

Wir sprechen von einem Zustand, in dem es keine mentale Projektion gibt, in dem wir nichts erwarten, nicht einmal Stille, denn würde man Stille erwarten, wäre das wiederum ein Inhalt und nicht Stille. Es ist ein Zustand der völligen Erwartungslosigkeit, der Nicht-Projektion, nur das Spüren unseres eigenen Selbst. Es ist sehr schön, die Energiequelle zu spüren, die Quelle der Glückseligkeit und die Erfahrung des „Ich bin die Quelle der Glückseligkeit" zu machen.

Swami Sivananda schrieb einige schöne Gedichte über diesen Zustand, in dem er seine Erfahrung als jenseits der höchsten Freude, die man sich jemals vorstellen kann, beschrieben hat, es ist ein Zustand vollkommener Gnade. Er sagt, man fühlt die absolute, bedingungslose Liebe, das absolute bedingungslose Angenommensein und spürt „Mein Gott, bin ich dessen überhaupt würdig?" und erkennt dann: „Ich bin dessen würdig, da ich Gott bin." Wenn man diese Erfahrung auch nur ein wenig gemacht hat, spürt man: „Ok, ich kann durch eine Menge Schmerz, Leid und Krankheit gehen, denn es ist da, es existiert. Ich weiß nicht, wann ich es wieder erleben werde, aber nur zu wissen, dass die Möglichkeit dieser Erfahrung besteht ist genug, um weiterzumachen."

Manchmal ist es so im Leben, ein paar Sekunden genügen, um für ein Jahr oder länger weiterzumachen im Leben, da die Erfahrung so schön war, jenseits aller Erwartungen und selbst über alles hinaus, was man bisher erfahren hat.

GLÜCK

Jeder Mensch möchte glücklich sein. Man fühlt, dass etwas fehlt, es ist wie ein Vakuum, und man versucht, es zu füllen: Partys, Shopping, Alkohol, Essen, alles Dinge, die die meisten Menschen sich leisten können. Doch die Suche bleibt: „Wie werde ich glücklich?" Man könnte denken, dass es von Macht abhängt oder von Geld oder Schönheit. Es geht weiter und weiter, man ist ständig auf der Suche nach diesem Glück, bei allem, was man tut, auch beim *Yoga*. Aber *Yoga* ist eines jener Systeme, die uns sagen, dass das Glück nicht außen, sondern nur innen gefunden werden kann.

Eine Geschichte, die dies verdeutlicht, ist die Geschichte der Frau mit der Nähnadel, die ihre Kleider flickt. Sie sieht nicht besonders gut und irgendwann fällt ihre Nadel zu Boden. Sie sucht die Nadel überall und irgendwann sucht sie auch vor ihrer Hütte. Da kommt eine Nachbarin vorbei und fragt:
„Was suchst du?"
„Ich habe meine Nadel verloren. Ich war beim Nähen und sie fiel mir aus der Hand. "
„Wo hast du sie denn verloren?"
„Drinnen im Haus, wo ich genäht habe."
„Aber warum suchst du sie dann hier draußen?"
„Hier draußen gibt es mehr Licht."

Dies ist unsere eigene Geschichte. Die Nadel steht für das verlorene Glück. Und wo suchen wir es? In Materialismus, Macht, Geld, Beziehungen, etc. Aber man kann das Glück im Äußeren suchen solange man will: Man wird es nicht finden. Man muss die Reise nach Innen antreten. Gott gab uns die komplette Ausrüstung dafür; wir haben einen physischen Körper, mit dem wir handeln können; wir haben einen Energiekörper, der sehr sensibel und voller Licht ist; und dann haben wir einen dritten Körper, in dem das innere Glück verborgen ist. Wir haben also verschiedene Schichten, die wir verstehen müssen. Die vier Yogawege konzentrieren sich jeweils auf eine dieser Ebenen: *Jnana-Yoga*, das geistig-rationale System, *Bhakti-Yoga*, das hingebungsvolle System, *Raja-Yoga*, das die Funktionsweise des Geistes erklärt und *Karma-Yoga*, das uns die richtige Einstellung zum Handeln und Dienen lehrt. Alle diese Wege vereinen sich zu einem Ganzen. Letzten Endes ist es eine Frage des *Pranas* oder der Energie. Sobald man sich bewusst wird, dass diese sehr subtile Energie existiert und man sie erfahren kann, hat man bereits die Suche im Inneren begonnen. Die Dinge, die man mit den physischen Augen sehen kann, verlieren langsam ihren Reiz, da man versteht, dass alles, was aus grobstofflicher Materie besteht, vergänglich ist. Solange man jegliches Interesse und jegliche Energie für etwas verwendet, das sich sowieso jede Sekunde verändert oder das vergeht, ist es nur eine Frage der Zeit, bis man unglücklich ist, denn man sucht die Nadel immer noch im Äußeren.

In seinem Buch ‚Die Kraft der Gedanken' erklärt Swami Sivananda, dass das, was man auf der materiellen Ebene sieht, seinen Ursprung in den eigenen Gedanken hat. Wir werden gleichermaßen nackt geboren und wenig später sind wir bereits alle verschieden voneinander. Es ist der Geist, der die Unterschiede schafft. Gedanken sind erstaunliche Kräfte und Systeme wie *Yoga* lehren, wie man mit dem eigenen Geist arbeiten kann. Man hat die Macht, Dinge zu ändern, indem man zunächst die eigenen Gedanken ändert. Gedanken sind Materie, sonst könnten wir sie nicht ändern. Sie sind extrem feinstofflich, aber immer noch Materie. Ein Gedanke hat Energie, Größe, Form, Gestalt; er hat Farbe, Qualität, Substanz, und er hat Kraft. Gedanken spiegeln sich in den Gesichtern der Menschen wider. Positive Gedanken strahlen und machen den Energiekörper sehr groß. Negative Gedanken wie „Ich bin niemand, ich kann nichts", machen uns klein, und man fühlt sich unglücklich.

Am Anfang kann man das nicht glauben, aber wenn man einmal auf dem inneren Weg ist, spürt man, dass sich dieses Wissen, das in uns ist, entfaltet, dass man gar nicht unwissend ist, dass man mit dem vollen Wissen, wer man eigentlich ist, geboren wird. Alle inneren Wege sind eine Entfaltung dessen, es ist wie das Schälen einer Artischocke: Man kann sich nicht vorstellen, dass sich innerhalb dieses stacheligen Äußeren etwas Weiches mit einem köstlichen Geschmack verbirgt, schön, gelb und saftig. Ebenso verbirgt sich in uns dieser absolute Schatz, das Glück, aber wir bleiben bei der stacheligen Hülle stecken und erwarten, dass sie uns glücklich macht. Swami Sivananda sagt: „Die Gedanken formen das Leben. Deine Gedanken machen dich stark, sie machen dich erfolgreich." Denke, dass du stark bist und du wirst stark werden. Jeden Abend vor dem Einschlafen kann man denken: „Ich bin stark. Tief in mir gibt es nichts als Glück. Ich werde stark sein. Ich bin mutig."

Asanas geben Kraft, weil Energieblockaden im Astralkörper gelöst werden. Das ist die wunderbare Botschaft der *Hatha-Yoga-Asanas*, eine spirituelle Botschaft, die nichts mit dem physischen Aspekt zu tun hat. Man praktiziert die *Asanas* und ist überzeugt. Der Astralkörper expandiert, und die

Gedanken werden rein. Und weil es diesen ruhigen See in der Endentspannung gab, und das Licht und das *OM*, hat man nicht an Mann, Frau, Kinder, Geld, Wohnung, Bus und Auto gedacht, und man erkennt, dass es nicht die Außenwelt ist, die einen glücklich oder unglücklich macht; *Jnana-Yoga* nennt es *Maya*, Illusion, alles verändert sich ständig und ist nichts anderes als eine Wahrnehmung.

Um wahres Glück zu finden, muss man also Negativität in Positivität verändern: „Ich bin stark", „Ich bin mutig", „Ich kann das", „Ich habe Glück im Inneren". Man findet Kraft durch Wiederholung, indem man den Geist während des täglichen Autofahrens, Arbeitens, Kochens und Gehens immer wieder damit beschäftigt. Man hält ständig die Zügel der fünf Pferde, der fünf Sinne, die einmal hierhin und einmal dahin ziehen, und dieses Halten der Zügel wird *Sadhana* genannt.

Vedanta-Philosophie nennt es *Viveka*, die Unterscheidung zwischen dem, was Glück bringt und was nicht. Am Anfang ist es nur eine Theorie, aber mit der Zeit wird es eine Praxis. Tiefes, intensives Nachdenken unter Anleitung eines Meisters ist nötig. Tatsächlich kann niemand uns glücklich machen, wir sind alle alleine gekommen und werden alleine gehen. Was dazwischen liegt, nennt man den spirituellen Weg, *Sadhana*. Das gibt einem die innere geistige Kraft. Dann wird man die Nadel finden, das innere Selbst, das Glück, die Glückseligkeit.

DHARMA

Dharma ist das universelle Gesetz des Lebens. Laut Swami Sivananda ist *Dharma* die Essenz des Lebens und geht weit über Religion hinaus. Religionen lehren *Dharma*, sie lehren bestimmte Regeln und Gesetze des Lebens. Wenn man nach diesen Regeln lebt, hat man in der Terminologie des Christentums die Sünde überwunden. Im *Yoga* spricht man davon, das *Karma* zu überwinden, und andere Religionen versprechen einfach ein glücklicheres und friedlicheres Leben.

Das Wort *Dharma* bedeutet ‚Gesetz'. *Dharma* ist in allen indischen Philosophien ein wichtiges Konzept. *Dharma* bezeichnet die natürliche Ordnung der Dinge, eine Ordnung, die nicht menschengemacht ist, ebenso wie die Natur nicht menschengemacht ist. Wir versuchen, die Natur zu beherrschen.

Wir könnten auf Wolken schießen, so dass sie nicht Großveranstaltungen wie die Olympischen Spiele in London stören. Dieses Eingreifen in die Gesetze der Natur ist *Adharma*, gegen das Gesetz, und in der Folge leidet der Mensch. Wenn es nicht regnen darf, wenn es eigentlich regnen soll, dann kommt der Regen zu einer anderen Zeit mit doppelter Kraft und verursacht eine Verwüstung.

Ähnlich ist es mit unserem eigenen Leben: Tief im Inneren wissen wir, was *Dharma*, was das Gesetz ist. Aber wir essen zu viel, *Adharma*, oder wir essen gar nichts, *Adharma*. Das Richtige zu essen ist *Dharma* für den Körper. Manchmal haben wir genug von all diesen Regeln, aber dann leiden wir und fühlen uns schlecht und deprimiert.

Gemäß den *Veden*, erreichen wir rasch *Moksha*, Befreiung, wenn wir nach dem *Dharma* leben. Im *Rigveda* wird erklärt, dass hinter allem eine Macht steht, eine natürliche Gerechtigkeit und Harmonie, die das Universum durchdringt, die Menschen und Tiere instinktiv kennen. Leider verfügen wir jedoch auch über Verstand und freien Willen, und versuchen, die Naturgesetze und die natürliche Harmonie zu umgehen. Im *Rigveda* heißt die Macht hinter allem ,*Shakti*', in der *Bhakti*-Tradition heißt sie Gott. Im *Rigveda* steht: „Oh Indra, führe uns auf diesem Weg der natürlichen Ordnung, auf dem richtigen Weg jenseits allen Übels", wobei ,Übel' hier für *Adharma* steht.

Eine weitere Upanishade sagt: „*Dharma* ist das universelle Prinzip, das seinen Ursprung in *Brahman* hat. *Dharma* wirkt regulierend und ist *Sat* (Wahrheit), das moralische Prinzip des Universums."

Dharma selbst ist nicht kompliziert, was es kompliziert macht, ist unser *Raga-Dvesha*, unsere Vorlieben und Abneigungen; wir wollen das, was ist, nicht akzeptieren und wehren uns dagegen. Die *Brihadaranyaka-Upanishad* sagt: „Wahrlich, *Dharma* ist die Wahrheit, daher sagt man von jemandem, der die Wahrheit spricht, er spricht gemäß des *Dharmas*."

In der *Bhagavad Gita* erklärt Sri Krishna Arjuna nicht sehr viel, er sagt nur, „Du musst kämpfen", und Arjunas Ego antwortet: „Warum soll ich kämpfen? Ich will niemanden verletzen, ich bin der König, ich bin verantwortlich für die Menschen, ich scheue mich zu kämpfen, warum sollte ich das tun?" Krishna antwortet: „Es ist dein *Dharma*, du bist als König, als Krieger geboren und du bist dazu geboren, dein Volk zu schützen, es ist deine Pflicht, die

Menschen zu schützen." Das ist sehr schwer zu akzeptieren, diesen Punkt möchte der Geist nicht akzeptieren.

In der indischen Tradition gibt es vier *Ashramas*, vier Lebensphasen: *Brahmacharya* (Vorbereitung auf das Leben), *Grihasta* (das Familienleben, das Leben in der Gesellschaft), *Vanaprasta* (wenn die Kinder erwachsen sind und die Familienzeit vorbei ist, bereitet man sich philosophisch und religiös auf die letzte Phase des Lebens vor) und *Sannyasa* (Entsagung). Die *Veden* sagen, dass *Dharma* das Ziel für alle vier Phasen des Lebens ist. *Dharma* ist der Weg zur Gerechtigkeit, eigentlich ist es der Weg der Gerechtigkeit, und jeder Mensch muss in allen Lebensphasen nach dem *Dharma* leben.

Wenn wir uns das Leben ansehen, stellen wir fest, dass wir weit von *Dharma* entfernt sind und vorsichtig sein müssen, um nicht in *Adharma* heruntergezogen zu werden. Wir können nicht die ganze Welt verändern, sie nimmt ihren Lauf, doch in unserer kleinen Welt können wir versuchen, nach dem *Dharma* zu leben.

Dharma und *Karma* sind sehr ähnlich: Wenn wir das Leben nach dem *Dharma* leben, wird unser *Karma* für unser zukünftiges Leben sanfter, milder und weniger schmerzhaft sein. Dies gilt, wenn man an die Wiedergeburt glaubt. Wenn man nicht daran glaubt, denkt man einfach nur an dieses Leben: Wenn man nach dem *Dharma* lebt, was nicht immer einfach ist, wird das Leben ruhiger und sanfter, weil man sich nicht verstecken muss. Man muss nicht gierig sein, man kann die Dinge so akzeptieren, wie sie sind. Wenn man nach dem *Dharma* lebt, wird der Geist sehr friedvoll.

Wir geben auch oft gerne anderen die Schuld für unser eigenes *Adharma*: Wenn ich beispielsweise ein Brot mit Hefe esse, weil es lecker schmeckt und ich schwach bin, obwohl ich weiß, dass ich die Hefe nicht verdauen kann, könnte ich die Person beschuldigen, die es auf meinen Teller gelegt hat. Aber ich habe das Brot selber in den Mund gesteckt und fühle mich dann unwohl und habe Bauchschmerzen; das ist *Adharma* gegenüber meinem eigenen Körper.

Eine der wichtigsten Schriften über *Dharma* ist die *Manusmriti*. Sie enthält zehn Punkte, die *Dharma* definieren: Geduld, Vergebung, Selbstkontrolle, Ehrlichkeit, Kontrolle der Sinne, Vernunft, Wissen, Wahrhaftigkeit, die Abwesenheit von Zorn, Reinheit von Körper und Geist. Diese *dharmischen* Gesetze gelten nicht nur für den Einzelnen, sondern für die ganze Gesellschaft. Hier sagt Swami Sivananda, dass wir, solange wir Menschen sind, scheitern und Fehler machen, weshalb es hilfreich ist, in einem *Gurukula*-System zu lernen, da man dabei in ständigem Kontakt mit der Lehre ist. Natürlich ist Perfektion das Ziel, aber man kann sich nur durch Üben verbessern, indem man Fehler macht, indem man aktiv ist. Dann kann man sich selbst korrigieren, und man entwickelt Mitgefühl für die Mitmenschen, die ebenfalls scheitern und Fehler machen.

Wenn man im *Dharma* lebt, empfindet man Frieden, Freude, Kraft und Ruhe. *Adharma* macht depressiv, reizbar, wütend, elend, unrein, und verwirrt, man kann dann die Natur oder eine sehr sensibles Musik nicht genießen, man braucht *Rajas* und/oder *Tamas*. Wenn man aber das Leben nach dem *Dharma* ausrichtet, ist *Sattva* ebenfalls da, und das Leben ist angenehm, man lebt in Disziplin mit Verständnis.

Der große Philosoph *Shankaracharya* sagt, dass keine Religion lehrt, so zu leben wie man will, nur nach Vorlieben und Abneigungen. Manche Menschen wenden sich von der Religion ab und beginnen mit *Yoga* ohne zu wissen, dass es im *Yoga* ebenfalls ein *Dharma* gibt. Swami Vishnudevananda sagte: „Bleibt bei Eurer Religion! Ihr könnt nach eurer eigenen Religion leben und zugleich *Yoga* praktizieren." Man muss die Regeln der Schriften, der *Veden*, befolgen, das lässt sich nicht vermeiden; keine Religion lehrt, dass wir nach unserem eigenen *Raga-Dvesha* leben können, nur nach Vorlieben und Abneigungen. Man sieht, was passiert, wenn Menschen nur an sich selbst denken, man sieht wie Familien auseinanderbrechen, weil sich niemand an die Regeln halten möchte und man fragt sich uns: Wo ist hier das Mitgefühl, wo ist Geduld, wo Reinheit, Liebe, Ehrlichkeit? Alles weg!

Die *Veden* sagen, *Dharma* ist eine schützende Hülle. Es gibt Beispiele großer Propheten und Heiliger, die das *Dharma* lebten: Zum Beispiel Franz von Assisi, Gandhi, Sivananda, Theresa von Avila, Jesus oder Buddha. Man denkt vielleicht: „Dafür bin ich nicht bereit." Aber man kann mit kleinen Schritten beginnen und sie dann weiter ausbauen, wie ein Maurer, der eine ganze Wand baut, indem er einen Stein auf den anderen setzt. Ebenso wird das innere *dharmische* Haus gebaut, Stein um Stein, mit Geduld und Ausdauer. Zuerst muss der Wunsch da sein, dann muss man lernen, wie man es macht und dann weiß man, was zu tun ist. Das Problem ist: Die Theorie muss in Praxis umgesetzt werden. An dieser Stelle kann es langweilig werden. Obwohl man weiß, was zu tun ist, will man es doch nicht tun und lässt sich dazu verleiten, etwas anderes zu machen. Es ist wie das Graben nach Wasser. Wasser ist da, so viel weiß man, aber man gräbt und gräbt und es kommt kein Wasser. So beginnt man zwei Meter weiter erneut zu graben. Wieder kein Wasser. Am Ende hat man zehn Löcher und kein Wasser. Wenn man beim ersten Loch weitergegraben hätte, hätte man Wasser gefunden. Das gleiche gilt für die Praxis des *Dharma*. Gebt nicht beim ersten Misserfolg auf. Haltet durch. Am Ende wird man erfolgreich sein.

TRUE WORLD ORDER – DER WAHRE WELTORDEN

In den 70er Jahren gründete Swami Vishnudevananda den ‚True World Order', ‚T.W.O.', den ‚Wahren Weltorden'. Swamiji verwendete ihn in allen seinen Logos und Texten und manchmal sprach er auch darüber. Der True World Order war in all seinen Lehren, seinem Leben, seiner Einstellung zu *Yoga*, der Welt und der Gesellschaft verankert. Die Idee dahinter war, Führungskräfte in *yogischem* Verhalten zu schulen, und das war auch die Grundidee der Yogalehrer-Ausbildung. Er hatte nicht die Absicht, einen neuen Beruf zu schaffen oder Geld zu verdienen, sondern wirklich Menschen zu auszubilden. Jeder Mensch ist auf die eine oder andere Art eine Führungskraft, im Job, in der Familie, als Kind, Mann oder Frau. Jeder ist in gewisser Weise ein Leiter in seiner Gemeinschaft. Swamiji dachte, dass, wenn man Menschen *Yoga* lehrt, es mehr Frieden geben wird. Denn ohne inneren Frieden gibt es Konflikt, Streit und Unruhe im Geist, und das wirkt sich auf die Umgebung aus. Es kann sogar zum Krieg führen.

Swamiji sagt, dass der T.W.O. uns daran erinnern soll, dass wir alle gemeinsam auf diesem Planeten Erde leben. Wie Raumfahrer haften wir auf dieser Erdkugel, von einer Schutzschicht aus Sauerstoff umgeben. Swamiji forderte uns auf, gewisse Gedanken aufzugeben, wie: „Ich bin Katholik, ich bin Evangele, ich bin Jude, ich bin weiß, ich bin schwarz, ich bin Franzose, ich bin Europäer, etc." Er sagte, dies ist *Avidya*, Unwissenheit, und die sollte aus dem menschlichen Denken entfernt werden. „Identifiziert euch nicht mit all dem. Identifiziert euch nicht mit dem Körper. Erinnert euch daran, dass ihr die unsterbliche Seele seid." Die Essenz seiner Botschaft ist: „Du bist das unsterbliche Selbst." Wir müssen über die Unterschiede von Sprache, Land, Hautfarbe, Bildung, Nicht-Bildung und Religion hinausgehen, sie sind alle zweitrangig. Mit dieser Würde, Selbstachtung und Respekt für andere, mit Geduld, Mitgefühl und Verständnis wird sich universelle Liebe entwickeln.

Das war die Idee von T.W.O. Nur wenn man sich mit dem Selbst im Inneren identifiziert, kann man völlig erfüllt werden. Das Selbst in dir und in mir ist dasselbe, das gleiche Selbst ist überall. Einige Hindu-Priester schmücken ihre Stirn mit weißer Asche, manchen reiben sich den ganzen Körper mit Asche ein. Es ist eine Erinnerung daran, dass der Körper wieder zu Asche wird und dass es keinen Sinn macht, sich mit Fleisch und Knochen zu identifizieren und der damit zusammenhängenden Idee „ich bin besser, ich bin größer", usw. Das rote Pulver symbolisiert Blut. Wir denken, dass wir alle verschieden sind und das rote Pulver erinnert uns daran, dass wir alle das gleiche Blut haben. Wir leben alle auf diesem Raumschiff Erde. Wir atmen die gleiche Luft, wir essen das gleiche Essen und im Grunde haben wir alle die gleichen Bedürfnisse. Aber wir halten an der Idee fest: „Gott hat nur Franzosen, Christen oder Hindus geschaffen." Oder: „Gott hat nur die *Yogis* geschaffen, und ich bin besser als alle anderen, da ich Vegetarier bin und jeden Tag *Asanas* praktiziere." Sofort ist die Trennung da. Der T.W.O. soll zeigen, dass das Leben in universeller Liebe gelebt werden kann, unabhängig davon, ob man gebildet oder ungebildet ist, unabhängig von Hautfarbe, Religion und dem gesellschaftlichen Hintergrund, unabhängig von den Ritualen, die man praktiziert. Individuelle Liebe, die nur Familie, Nachbarn und Mitglieder derselben Glaubensgemeinschaft oder *Yogis* umfasst, ist tatsächlich Unwissenheit. Wir sollten nach der bedingungslosen Liebe im Inneren suchen, um damit äußeren Frieden zu erreichen. Das vereint die Welt.

Religiöse Menschen haben oft ein extrem starkes Ego und Religion kann zu schwerem Fanatismus führen. Im Rahmen der Religion werden schreckliche Kriege geführt. Jede Gruppe denkt, dass sie die Auserwählten sind: „Mein Gott ist besser als dein Gott, etc." Und bei den so genannten *Yogis* geht es weiter ... wir verbreiten dieselbe Idee: „Mein Lehrer ist besser als dein Lehrer, mein *Yoga*-Weg ist besser als dein *Yoga*-Weg." Es ist ein Zeichen von Fanatismus, dessen wir uns jedoch nicht bewusst sind.

Swami Vishnudevananda sagt: „Die Antwort ist Meditation, man beruhigt sich, sammelt sich und bringt die Gedanken auf einen Punkt." Der Geist ist hypnotisiert, und man muss ihn de-hypnotisieren und ihn in ein neues Muster bringen, ihn aus seinem alten *tamasig-rajasigen* Muster herausholen, das sagt: „Ich bin besser als alle anderen." Im *Vedanta* heißt es: „Das

Selbst, das eigentlich Ich, ist in dir und in mir." Im *Vedanta* wird es *Brahman* genannt, in einigen anderen Philosophien Gott, *Tat Twam Asi* (Du bist Das), *Aham Brahmasmi* (Ich bin das Selbst). „Ich und der Vater sind eins", wie Jesus es kühn erklärt. Die Identifikation mit dem Höchsten, mit dem höchsten Gott ist der Schlüssel, sich nicht mit diesen begrenzten Hüllen zu identifizieren, mit Körper, Geist, Religion, Hautfarbe, Nationalität, Sprache, Ritualen und so weiter. Daher können große Seelen sich vereinigen. Sie sagen: „Ich gehe meinen Weg, aber ich respektiere auch alle anderen Wege."

In der Bibel steht: „Erreiche den Frieden, der alles Verstehen übersteigt", den Frieden, der über den Verstand hinausgeht, sobald alle Hindernisse entfernt worden sind. Das individuelle Ego, das dachte, ich bin anders und besser als alle anderen, verschwindet. Das war das Ziel und die Hauptlehre von Swami Sivananda und Swami Vishnudevananda. Wir sind alle durch Energie, durch eine universelle Kraft verbunden, und das ist die Schönheit der Yogapraxis: sich mit etwas verbunden zu fühlen. Und dieses Etwas muss benannt werden, denn man kann sich nicht mit etwas verbinden, was keinen Namen hat. Swami Vishnudevananda nannte es ‚Energie'. Das Wort ‚*Yoga*' bedeutet ‚Vereinigung', ‚Einheit'. Durch die Yogapraxis erhöht man seine körperliche Schwingungsebene und man verbindet sich dann mit dem Fluss der universellen Energie. Dann spürt man, dass man eins ist mit der Natur und mit allen anderen Wesen. Niemand ist unabhängig, wir sind alle mit der universellen Kraft oder Energie verbunden. Wenn die körperlichen, geistigen und seelischen Schwingungsebenen aber sehr niedrig sind, hat das eine Wirkung auf die ganze Welt. Die Menschen um uns herum sind betroffen und dies wiederum beeinflusst andere Menschen um sie herum, die Kreise dehnen sich ständig aus. Das Ziel des T.W.O. und der Lehrerausbildung ist es, diese Botschaft der Einheit zu verbreiten.

Swami Vishnudevanandas Friedensbewegung basierte auf der Idee, dass Frieden nicht einfach dadurch entsteht, indem man die Waffen fallenlässt und aufhört zu kämpfen. Das Energieniveau jedes einzelnen muss angehoben werden. Dann geht man anders mit der Natur um. Gärten und Bäume werden richtig behandelt, Kinder und Tiere werden liebevoll behandelt und Glaube, Frieden und Glück wird verbreitet. Dann kann man auch die unvermeidlichen Unterschiede wie Sprache, Länder, Religionen, Philosophien, anderes Denken, Hautfarbe, andere Sitten, andere Rituale, andere Ideen akzeptieren. Man muss die Dinge so akzeptieren, wie sie sind und nicht wie wir sie in unserem hypnotisierten Traumzustand haben wollen. „Einheit in

Verschiedenheit" bedeutet mitfühlend, verständnisvoll und offen zu sein: Das ist es, wofür Swami Vishnudevananda wirklich stand, das war seine Lehre. Er sah, dass *Yoga* das individuelle Selbst mit dem universellen Selbst vereinen kann. Sogar in der Endentspannung nach der *Asana*-Praxis, wenn der Körper sozusagen ‚geparkt' ist, und die Idee von „Ich bin der Körper" weg ist, kann man es spüren. Ebenso in der Meditation, wenn sich der Geist im Frieden auflöst. Dies ist die direkte Erfahrung von T.W.O., Einheit in Verschiedenheit.

YOGA AN DER QUELLE LERNEN
ABSCHLUSS-FEIER DER LEHRERAUSBILDUNG
IN VRINDAVAN, INDIEN 2011

Vor allem eines möchte ich am Ende dieser Ausbildung sagen: „Herzlichen Glückwunsch an euch alle, ihr habt es bravourös gemeistert." Habt ihr euch gefragt, ob es jemals zu Ende sein wird? Wie oft habt ihr gedacht: „Oh, ich weiß nicht; hier ist das Tor und kein Swami in der Nähe, ich könnte einfach ...?" Kam dieser Gedanke manchmal? So ist der Geist, und alle die hier sitzen wissen es, denn wir alle haben die Ausbildung gemacht und waren mit schwierigen Situationen konfrontiert. Ich selbst habe die Ausbildung im Jahr 1974 in Kalifornien gemacht. Seitdem hat sich die Farbe meiner Kleider geändert, ich trage die Farbe der Swamis. Im Laufe des Kurses habt ihr gelernt, was ein Swami ist, jemand der entsagt hat. Nun nach den vier Wochen versteht ihr vielleicht besser, was ihr alles aufgegeben habt, um *Yoga* zu verstehen, nicht wahr? Ihr seid für den Kurs nach Indien, nach Vrindavan, direkt zu einer Quelle des *Yoga* gekommen, und dafür muss man tatsächlich einiges aufgeben. Dieser Kurs hier ist einzigartig, diese Umstände haben wir nicht überall, selbst wenn der Inhalt überall derselbe ist. Um dem Verständnis von *Yoga* etwas näher zu kommen, um die Schriften zu verstehen, ist es wichtig zu den Wurzeln zurückzukehren.

Die *Bhagavad Gita* enthält Lehren und Botschaften für die gesamte Menschheit, doch sie sind in die indischen Kultur verpackt, und wenn man Indien ein bisschen kennt, versteht man die Wurzeln und damit die Botschaft besser: Man muss handeln und nicht untätig sein, aber auf richtige Art und Weise handeln, was bedeutet, bescheiden, losgelöst und mit Unterscheidungskraft zu handeln. Das ist die Botschaft der *Bhagavad Gita*, sie erklärt die Entwicklung des inneren Wesens. Alles steht in Zusammenhang mit der etwas mystischen Wurzel Indiens, viele Dinge im *Yoga* werden in diesem kulturellen oder historischen Zusammenhang erklärt. Ich fand es am Anfang schwierig, mir all die Sanskrit-Begriffe zu merken, bis ich verstand, dass sie wirklich hilfreich sind, da andere Sprachen oft nicht die richtigen Begriffe haben, die subtileren Aspekte der Dinge zu benennen.

Je besser man Indien versteht, umso besser fängt man auch an, die Rituale zu verstehen. Inder benutzen für Rituale Gegenstände, die ihnen sehr wertvoll sind, Reis und Blumen zum Beispiel. Am Anfang könnte man denken: „Was für eine Verschwendung!" Aber Inder denken nicht so. Einmal wollte Swami Vishnudevananda eine *Puja* zelebrieren, und wir hatten Blumen vorbereitet. Doch wir waren ein wenig geizig gewesen und dachten: „Die armen Blumen, sie werden nur auseinandergepflückt und dann für die Verehrung benutzt." Die *Puja* war im Gange und Swamiji machte immer weiter und weiter, und wir sahen, dass es nicht genug Blumen gab. Neben den Altar hatten wir einen wunderschönen Blumenstrauß gestellt, Swamiji schaute in seine leere Blumenschale, sah den Blumenstrauß und nahm einfach diese Blumen. Das war schmerzhaft. Andererseits tun Westler oft Dinge, die sehr schmerzhaft für Inder sind, weil wir den kulturellen Hintergrund nicht kennen. Wenn wir das verstehen, tauchen wir tiefer ins *Yoga* ein, in eine Lebenseinstellung, in Respekt, Verhaftungslosigkeit und Unterscheidungskraft, und dann übertragen wir dies auf unser eigenes Leben.

Es ist nicht gut, einfach alles zu kopieren und zu ‚indisch' zu werden und unseren eigenen Hintergrund zu ignorieren. Wir müssen über die Bedeutung und die Essenz nachdenken und sie dann auf unser eigenes Leben anwenden. Diese Arbeit beginnt genau jetzt, direkt nach der Abschlussfeier. Es braucht Zeit, die Schriften sagen 12 Jahre, und einige von uns brauchen sogar länger, ohne fanatisch oder intellektuell zu werden. Bescheidenheit ist nötig, dann wird sich das Herz öffnen und die Bedeutung klar werden. Wenn man es mit dem Intellekt versucht und alles beurteilt, geht die Essenz des *Yoga* verloren.

Yoga ist eigentlich eine Lebensweise, die auf den Gesetzen der Natur basiert. *Ayurveda* und *Yoga* waren früher eine Wissenschaft, und man muss die beiden miteinander kombinieren, obwohl beide ihre eigenen Spezialisten, *Acharayas* genannt, haben.

Yoga ist eine Lebensart, es lehrt die Gesetze der Natur und wie man sich auf sie einstimmt. Nicht nur der Körper, auch unser Geist ist Teil der

Natur, da er sich auch verändert. Häufig bewegt sich in unserer Umgebung alles weg von den Naturgesetzen. Man hinterfragt das nicht, man denkt es sei normal. Dann entwickeln sich körperliche und geistige Problem, man wird krank, nicht sehr krank, nur ein bisschen krank: Jeder hat irgendwas, Augen, Zähne, Zahnfleisch, Gelenke, Magen, Trägheit, die Nieren sind nicht ganz in Ordnung, eine Art Depression, all dies sind Ergebnisse der Abkehr von der Natur. Es betrifft nicht nur diesen Körper, auch Körper aus früheren Leben. Die Wirkung liegt in den Genen. Wenn man Glück hat, wird man sich dessen bewusst und sagt: „Ich versuche es mit *Yoga*." Die innere Balance, Körpergefühl und Lebensqualität sowie der Kontakt mit unserem inneren Selbst, *Atman*, sind verloren gegangen. Wenn man sich nur an eine einzige Sache aus diesem Kurs erinnert, dann an das: Je mehr man zurück zu den Gesetzen der Natur geht, je mehr man sich auf die Natur einstimmt und die Natur im Inneren wie im Äußeren versteht, umso mehr nähert man sich dem *Atman*. Dann werden sich die Schmerzen langsam auflösen, so wie Nebel sich langsam auflöst. Die Natur bewegt sich fast unmerklich, man nimmt sie nicht wahr, Krankheiten kommen unmerklich, und auch Wohlbefinden stellt sich fast unmerklich ein. Dadurch vergisst man den Schmerz sehr schnell, ansonsten würden Frauen kein weiteres Kind nach der ersten Geburt bekommen.

Yoga ermöglicht es, sich auf verschiedene Arten wieder auf die ursprüngliche Quelle einzustimmen. Es gibt verschiedene Möglichkeiten, *Bhakti-*, *Karma-*, *Jnana-*, und *Raja-Yoga*, die alle vom *Jiva*, dem individuellen ‚Ich', zum inneren Selbst oder *Atman* zurückführen. Dieser Weg vom *Jiva* zum *Atman* ist *Yoga*. Aber zuerst muss man erkennen, dass etwas im Ungleichgewicht ist, dass man von seinem Selbst entfernt ist, was in der Tat mehr und mehr Menschen erkennen. Vor allem im Westen, wo die materiellen Voraussetzungen gegeben sind; wer sich noch um Unterkunft und Essen sorgen muss, hat keine Zeit an mehr als den Überlebenskampf zu denken. Zuerst ist es also nötig, das Ungleichgewicht wahrzunehmen, dann muss man die Möglichkeit haben, sich selbst zurück ins Gleichgewicht zu bringen, was nicht so einfach ist. Man braucht Zeit, finanzielle Mittel und eine gute Gesundheit, und wenn wir genau schauen, gibt es nicht so viele Menschen, die diese Voraussetzungen haben: Entweder fehlt das Geld oder die Zeit oder es gibt Verpflichtungen, die es unmöglich machen, sich für vier Wochen zurückzuziehen.

Also erstens muss man das Ungleichgewicht im Inneren erkennen, zweitens muss man die Möglichkeit haben, etwas dagegen zu tun, und schließlich muss da eine passende Lehre sein. Die Lehren sind da, aber viele sind nicht geeignet, weil jeder Mensch anders ist. Wenn man das Glück hat, einen Lehrer zu finden, dem man vertrauen kann, und dessen Regeln und Techniken man meint befolgen zu können, dann kommen diese drei Dinge zusammen, und diese drei Dinge am selben Ort vorzufinden, ist ein großer Segen und sehr selten.

Alle, die ihr jetzt hier seid, habt diese drei Dinge: ihr habt die Zeit, ihr habt erkannt, dass ihr etwas für euch tun müsst, und ihr habt akzeptiert, vier Wochen lang dieser Lehre zu folgen, diesen beiden Meistern, Sri Swami Sivananda und Sri Swami Vishnudevananda, die Lehren, *Jiva* und *Atman* gemäß der alten Tradition mithilfe der vier Yogawege zu vereinen. Es ist ein Segen für euch alle hier zu sein und die Möglichkeit zu haben, dieses geheimnisvolle Yogawissen zu lernen. Es ist in der Tat eine Art Geheimwissenschaft, es ist die Wissenschaft des *Gurukula*. Man könnte sagen: „Ich kann dieses *Yoga* überall haben", aber man weiß, dass selbst der *Pranayama*-Unterricht ziemlich geheimnisvoll ist. Man kann es nicht aus einem Buch lernen, man braucht einen Lehrer.

Menschen brauchen einen Lehrer und ihr werdet selbst damit konfrontiert sein, wenn ihr beginnt zu unterrichten. Man muss den Leuten gleichzeitig auch ein Freund sein, nicht nur ein Lehrer, und teilen was man gelernt hat. Wenn man seine Schüler als Freunde behandelt, werden sie auch bereit sein, Schwierigkeiten zu akzeptieren.

Bücher sind nicht genug. Natürlich steht auch alles in den Büchern, aber das reicht nicht, man muss selbst die Erfahrungen machen, man muss sich Zeit nehmen, und man muss Dinge dafür aufgeben, man muss auf Dinge verzichten. Ihr habt das jetzt geschafft, ihr habt jetzt einen anderen Blickwinkel auf die Dinge, ihr habt die Prüfung bestanden und seid durch alle Höhen und Tiefen gegangen. Swamiji pflegte zu sagen: „Das Wissen liegt nun in euren Händen, jetzt könnt ihr es sprießen lassen, es gießen, es praktizieren." Es wird sicherlich Höhen und Tiefen in eurem *Sadhana* geben. Direkt nach dem Kurs scheint das unmöglich zu sein, aber es ist eine Tatsache, das Leben wartet auf euch. Das muss man akzeptieren, aber es ist gut, sich im Hinterkopf eine Art Zeitplan für die Praxis zu machen, mit *Asanas* und *Pranayama*, etwas Meditation, einmal in der Woche fasten und so weiter. Freunde und Familie werden bestimmt sagen: „Ich habe es dir gleich gesagt, du bist nicht mehr der/die gleiche, sie haben dich einer Gehirnwäsche unterzogen. Vorher sind wir gut ausgekommen, aber jetzt darf ich nicht mehr rauchen, und ich wollte mit dir in ein schönes Restaurant gehen, aber du möchtest das nicht, da du den Geruch dort nicht magst und so weiter." Bitte macht hier keinen Fehler, ihr müsst den Menschen, die ihr liebt auch dienen. Man muss den Menschen, die man liebt, dienen, aber sie müssen euch auch ein bisschen dienen, man kann also beispielsweise durchaus jemanden bitten, auf dem Balkon zu rauchen. Jemand lädt euch in ein Restaurant ein? „Könnten wir vielleicht zum Italiener oder zum Chinesen gehen? Du kannst dir dann Fleisch, Huhn oder Fisch bestellen und ich nehme ein paar leckere Nudeln." Seid nicht zu steif. Die andere Person ist nicht schlecht, weil sie Fisch isst oder raucht. Urteilt nicht, arbeitet an euch selbst. Andernfalls passt man nicht mehr in die Gesellschaft. Mittlerweile ist Vegetarismus bereits sehr akzeptiert, Rauchen ist in vielen Räumen nicht mehr erlaubt und auch Alkohol ist weniger häufig die Regel. Es wird einige Zeit dauern, bis man die Psyche seiner Umgebung und sich selbst verstanden hat. Sagt jetzt nicht: „Ins Hotel kann ich nicht mehr gehen", seid nicht extrem, geht den Mittelweg. So wie man Schritt für Schritt körperlich und geistig wächst, so muss man auch im *Yoga* wachsen. Und denkt immer an die Gesetze der Natur, dann werdet ihr geduldig, mitfühlend und bewusst mit euch selbst und mit anderen. Seht nicht nur die Fehler in anderen, sondern seht, wieviel Liebe da ist. Jeder hat Liebe. *Atman* und Liebe sind dasselbe.

Haltet euer *Sadhana* aufrecht, dies ist von entscheidender Bedeutung. Seid ein Freund und kein Lehrer, im *Yoga* ist es auch nicht wirklich leicht, das eine vom anderen zu trennen, *Yoga* ist sehr persönlich. Das ist der Grund warum Swamiji immer darauf bestand: praktizieren, praktizieren, praktizieren. Praxis bedeutet auch geistige Praxis, sich kleine Ziele zu stecken, sich Pläne zu machen, aufzuschreiben was man erreichen möchte, mit dem Unterbewusstsein zu arbeiten. Alles wird kommen, und normalerweise kommt es genau dann, wann man es am wenigsten erwartet.

„Diene, liebe, gib, reinige dich, meditiere und verwirkliche", das bringt die Lehre von Swami Sivananda auf einen Punkt. Sich verwirklichen bedeutet, dass man bei sich anfängt, dass man Veränderungen versteht, da sie Teil der Natur sind. Das wahre Selbst bleibt das gleiche. Darauf gilt es, sich zu konzentrieren.

Staff, Swamis, Lehrer sind alle auf demselben Weg, wir tun alle dasselbe, wir praktizieren was wir lehren, manchmal ist es schwierig, aber wir schwimmen weiter. Wenn man nicht schwimmt, geht man unter, manchmal schwimmt man schneller, man krault, manchmal langsamer, aber man schwimmt. Wir sind nicht perfekt,und wir haben ein sehr hohes Ziel vor uns, das innere Selbst in uns wieder zu finden, das ist unser Lebensprogramm.

Vielen Dank, dass ihr in die Sivananda-Organisation gekommen seid, dass ihr uns euer Vertrauen gegeben habt. Wir sind sehr glücklich, mit euch unsere Erfahrung des *Yoga* zu teilen. Möget ihr alle in die Welt hinaus gehen und strahlende Lichter des *Yoga* sein.

SWAMI VISHNUDEVANANDA – GURU, LEHRER, BEISPIEL

Der *Gurupurnima*-Tag, der Tag des Vollmondes im Juli, gilt als ein sehr glücksverheißender Tag und ist der Erinnerung des Prinzips des spirituellen Lehrers, dem *Guru* gewidmet, „dem, der die Dunkelheit zerstört". Dies ist eine Gelegenheit, sich an einige der einzigartigen Qualitäten von Swami Vishnudevananda zu erinnern, die ihn zu so einem hervorragenden und inspirierenden Lehrer gemacht haben.

Swami Vishnudevananda lehrte *Asanas* und *Pranayama*, aber seine Hauptlehre war die Verhaftungslosigkeit, sich von Körper und Geist zu lösen und die Vergänglichkeit der weltlichen Dinge zu erkennen. Er lehrte, aus ganzem Herzen zu dienen und dadurch das Ego zu beugen; er war davon überzeugt, dass man durch die Lehre des *Yoga* geistigen Frieden erreichen kann, indem man anderen dient.

Aus der Verhaftungslosigkeit entwickelt sich Liebe, eine Liebe, die nicht aus der Anziehung kommt, die nicht von Äußerlichkeiten abhängt und deshalb dauerhaft ist. Die Liebe zu seinen Schülern war wie die Liebe einer Mutter zu ihrem Kind: Für ihn waren alle gleich – er machte keinen Unterschied zwischen männlich und weiblich, keinen Unterschied zwischen denen, die fähiger waren als andere, die besser oder mehr arbeiteten. Er kümmerte sich wirklich um alle. Erstaunlicherweise hatte er wirklich die Fähigkeit, sich um alle zu kümmern, die zu ihm kamen.

Swamiji liebte die Wissenschaft, auch, weil die Wissenschaft die Wirksamkeit von *Asanas*, *Pranayama* und Gedankenkontrolle beweist. Er sprach nie über seinen Erfolg, weder über weltlichen noch über Erfolg im *Sadhana*, und er sprach nie über seine Meditationserfahrungen. Er war sehr bescheiden, was man aber nicht merkte, wenn man mit ihm direkt in Kontakt war. Erst später, im Rückblick, kann man seine schöne Bescheidenheit verstehen. Er war ganz ‚normal' – er war wie wir. Was für eine wunderbare Persönlichkeit! Er lebte mit uns, er distanzierte sich nie, indem er sich ‚sehr indisch' benahm, er lebte unseren Lebensstil und sprach unsere Sprache. Er war bescheiden genug, seinen eigenen kulturellen Hintergrund beiseite zu stellen.

Swami Vishnudevananda verstand unsere Bedürfnisse und Schmerzen – und es ist sehr selten, einen Lehrer zu haben, der wirklich versteht, was man im Kopf hat. Scherzhaft sagte er: „Westler suchen entweder einen Parkplatz oder eine Möglichkeit, abzunehmen." Natürlich ist das ein Witz, aber wieviel Einfühlungsvermögen und Einsicht zeigt das, auch wenn er über unsere Wünsche sprach: größere Autos, größere Häuser, größere Pools, größere Diamanten. Er ermutigte uns, unseren Geist zu beobachten, unseren Geist wie eine Kinoleinwand zu sehen und uns davon zu lösen. „Das Leben ist kurz", sagte er: „Spürt die Führung von innen, betet zum Meister (Swami Sivananda), macht *Japa*, lest die *Gita*, gebt euch hin." Was für ein Segen ist es, mit einem Lehrer zu sein, der fähig ist, die Essenz der Philosophie in einfache verständliche Konzepte zu packen: „Das Leben ist kurz. Bleib auf dem Weg. Der Sinn des Lebens ist es, die Essenz zu verwirklichen. Wir sind hier wie in einem Raumschiff, und nichts ist von Dauer. Der Körper wird krank werden und schließlich wird er sterben." Wenn man jung ist, denkt man: „Ok, dies ist nur Theorie." Aber nein, das ist es nicht, es ist die Realität!

Diese unglaubliche Verhaftungslosigkeit, die er sogar nach seinem Schlaganfall hatte, als er an den Rollstuhl gefesselt war und leider nicht mehr sprechen konnte, weil der Schlaganfall sein Sprachzentrum getroffen hatte. Er war noch immer völlig losgelöst und verbreitete eine unglaubliche Inspiration. Einige Schüler verloren den Glauben an ihn, weil sie seine Lehre mit seinem Körper identifizierten. Er saß viel, und in den letzten Jahren lag er auch und war nicht mehr in der Lage, seine Ideen eloquent und klar auszudrücken. Für die, die um ihn herum waren, war das eine große Chance, da er nicht so viele Schüler um sich hatte und es ganz leicht war, sich im zu nähern. Früher gab es immer Hunderte von Menschen, Glamour und Aufruhr. Beide Situationen waren gleich gut für Swamiji. Er wusste immer genau, wer wer war.

Ich erinnere mich, wie ich ihn einmal zusammen mit einem Gast, einem indischen Mahatma, gefahren habe. Sie saßen auf der Rückbank, und der

Gast fragte Swamiji, wie viele Schüler er hätte. Die Antwort war: „Oh, nur eine Handvoll." Es war vielleicht 1984 oder 1985. Swamiji hatte bereits die ganze Welt bereist und jeder sagte: „Ich bin sein Schüler." Am Ende waren es natürlich mehr als nur eine Handvoll, aber so viele mehr waren es dann auch nicht.

Swami Vishnudevananda verbreite die Lehre des *Yoga* auf der ganzen Welt, aber hat das nie in seinem eigenen Namen getan, immer im Namen seines Meisters, Swami Sivananda. Alles, was er getan hat, und alles, was wir versuchen, jetzt zu tun, und alles, was die, die folgen werden, tun werden, ist, andere durch die grenzenlosen Hingabe Swami Vishnudevanandas an seinen *Guru* zu inspirieren.

Auf den ersten (und auch auf den zweiten) Blick ist es ziemlich schwierig zu verstehen, wer er war, auch wenn man mit ihm gelebt hat, weil er so einfach war. Er hat sich nie verstellt oder geprotzt. Das erste Mal, als ich ihn traf, trug er einen ungebügelten *Dhoti*, voller Löcher. Er hatte eine Erkältung und saß einfach nur da. Ich dachte: „Oh mein Gott, wer ist das?" Später erfuhr ich, dass er an diesem Morgen gerade aus Indien nach San Francisco gekommen war und dass sein Körper nach 20 Stunden Flug völlig erschöpft war. Das nächste Mal als ich ihn traf, war er so strahlend, als ob ein Licht eingeschaltet war. So habe ich gelernt, nie jemanden anhand seines äußeren Erscheinungsbilds zu beurteilen.

Es gäbe noch viel mehr zu sagen über seine ganz besondere Art zu leben und zu lehren. Wir können nur versuchen, unser Bestes zu geben, um diesem herausragenden Beispiel des *Guru*-Prinzips, Swami Vishnudevananda, zu entsprechen.

Hari Om Tat Sat

SWAMI SIVANANDA (1887–1963)

SEINE MISSION: DEN MENSCHEN DIENEN

Swami Sivananda (1887 – 1963) ist einer der großen *Yoga*-Meister Indiens. In seinem Leben verwirklichte er zwei berufliche Karrieren, die des erfolgreichen Arztes und die des weisen *Yogis*. Im Zentrum seines Wirkens stand dabei immer der Dienst am Nächsten: „Jede Art von Dienen zur Heilung und Linderung menschlichen Leids erfüllte mich mit großer Freude." Dienen war für ihn „ausgedrückte Liebe". Nach anfänglicher Tätigkeit als Arzt in Indien ging er nach Malaysia, wo seinerzeit Tausende von indischen Arbeitern unter erbärmlichen Umständen lebten. Als Leiter eines Krankenhauses suchte er vor allem die Armen, die seiner Hilfe am meisten bedurften. Er therapierte sie nicht nur kostenlos, sondern gab ihnen nach der Behandlung auch noch ein Taschengeld mit auf den Weg, um die während der Krankheit entstandenen Ausfälle zu decken.

DIE SUCHE NACH DAUERHAFTEM GLÜCK

Die Frage nach der „größeren Aufgabe" im Leben ließ den jungen Arzt nicht los. In Gegenwart all der vergänglichen und schemenhaften Freuden suchte er beständig nach einer höheren Form von dauerhaftem Glück und Frieden. Die körperliche wie auch geistige Erschöpfung der Menschen, die er überall beobachtete, betrübten ihn zutiefst. Durch die Lehren des *Vedanta* begriff er allmählich das wahre Ziel des Lebens. Es wurde sein inniger Wunsch, diesen Weg der Weisen zu beschreiten und den Menschen, denen er zuvor körperlich geholfen hatte, nun auch geistig helfen zu können. Bevor er sich ganz auf den Weg des *Yoga* einließ, entsagte er der Welt und begab sich als besitzloser Wandermönch für mehrere Jahre in die Einsamkeit des Himalaya. Dort praktizierte er intensiv *Yoga* und Meditation und erreichte die Selbstverwirklichung.

DER YOGA DER SYNTHESE

In seinem *Ashram*, der ‚Divine Life Society' in Rishikesh, lehrte Swami Sivananda eine Integration aller bekannten Yogasysteme. Auf diesem *Yoga* der Synthese beruht heute die moderne *Yoga*-Praxis unserer westlichen Welt. In Rishikesh bildete er viele herausragende Schüler aus, die dem klassischen

Yoga weltweit zu großer Anerkennung verholfen haben. Einen seiner engsten Schüler, Swami Vishnudevananda, entsandte er 1957 mit den Worten „Geh in den Westen. Die Menschen warten auf *Yoga*", zunächst nach Amerika und von dort aus weiter nach Europa.

WISSEN ALS HÖCHSTES GESCHENK

Seine nächste Mission war das Schreiben. Er schrieb, weil er damit den Menschen dauerhaft dienen konnte. Sein Ziel war es, so viel spirituelles Wissen wie möglich zu verbreiten. Denn das Geschenk von Wissen war für ihn das höchste Geschenk. So war ihm die Druckerpresse wichtiger als die Bühne, denn das gehörte Wort wird schnell wieder vergessen, aufgeschriebenes Wissen aber hat bleibenden Wert. Diese Mission setzte er bis zum Ende seines Lebens fort und veröffentlichte insgesamt mehr als 200 Bücher zu allen Aspekten des *Yoga*.

SCHÜLER IN DER GANZEN WELT

Swamiji schrieb seine Bücher alle in Englisch, weil er damit die größte Anzahl von Menschen weltweit erreichen konnte. Darüber hinaus pflegte er regelmäßigen Briefkontakt mit Hunderten seiner Yogaschüler, die sich aus der ganzen Welt mit Fragen an ihn wandten. So verbreitete er von seinem einfachen Haus am Ganges-Ufer am Fuße des Himalaya das Licht göttlichen Wissens in alle vier Himmelsrichtungen.

DIE UNSTERBLICHE KRAFT SEINER GEDANKEN

Der große Weise des 20. Jahrhunderts, Swami Sivananda, lebt weiter. Er lebt in seinen Büchern, er lebt in seinen Schülern, er lebt gerade in der Atmosphäre seiner Zentren und *Ashrams*. Swami Sivananda war ein Fürst unter den Menschen, ein Juwel unter den Heiligen. Dienen und Lieben waren die Waffen, mit denen er die Herzen der Menschen eroberte. Swami Sivananda gründete keine neue Religion und entwickelte auch keine neuen Regeln für Ethik und Moral. Er half dem Hindu, ein besserer Hindu zu sein, dem Christen ein besserer Christ, dem Moslem ein besserer Moslem. In Swami Sivananda war eine unsterbliche Kraft – in seinen Gedanken, Worten und Taten. Es war die göttliche Kraft der Wahrheit, die Kraft der Reinheit, die Kraft der Liebe und des Dienens.

SWAMI VISHNUDEVANANDA (1927–1993)

EINE ANLEITUNG FÜR DEN FRIEDEN

Oktober 1957: Der Inder Swami Vishnudevananda erreicht auf dem Seeweg Kalifornien – im Gepäck ein paar Brocken Englisch, 10 Rupien und eine große Mission: Er wurde von seinem Meister Swami Sivananda (1887–1963) in den Westen geschickt, um dort *Yoga* zu verbreiten, die spirituelle Anleitung für den inneren Frieden. Swami Vishnudevananda bezahlte Essen und Unterkünfte mit Yogastunden und erarbeitete sich Schritt für Schritt die Herzen der Amerikaner. Hier, im Klima des Kalten Krieges und des Kapitalismus, erkannte er umso mehr die Notwendigkeit seines Schaffens. Sein Ziel war, eine ganzheitliche Evolution zum Frieden einzuleiten. Damit stand er in der Tradition von Gandhi und Martin Luther King.

WELTWEITE VERBREITUNG

Heute praktizieren Millionen Menschen die Übungen, die Swami Vishnudevananda vor genau 50 Jahren im Westen zu lehren begann. Turnvereine, Fitnesscenter und Wellness-Hotels bieten Kurse an und jeden Tag findet das *Yoga* neue Anhänger. Die Gründung der weltweit mehr als 70 Sivananda-Zentren und -*Ashrams* zeigt den enormen Einsatz des dynamischen *Yoga*-Meisters. Um nur die wichtigsten Orte zu nennen: New York, Montreal, der Hauptsitz in Val-Morin (Québec), San Francisco, Los Angeles, Chicago, Nassau/Bahamas, London, Paris, Berlin, München, Wien, Reith bei Kitzbühel, Genf, Madrid, Tel Aviv, Delhi, Chennai, Neyyardam (Kerala), Uttarkashi (Himalaya), Buenos Aires, Montevideo.

EIN GRAMM PRAXIS IST BESSER ALS TONNEN VON THEORIE

Die fünf Grundpfeiler der Yogapraxis nach Swami Vishnudevananda sind *Asanas* (Körperstellungen), Atemübungen und Tiefenentspannung, aber auch vegetarische Ernährung und positives Denken. Alle *Yoga*-Techniken gipfeln in der Meditation, der Erfahrung der Einheit mit sich selbst. Den Grundstein für die systematische Verbreitung des *Yoga* legte Swami Vishnudevananda 1969 mit der ersten Ausbildung zum *Yoga*-Lehrer im Westen, den Teachers' Training Courses (TTC). Aus einer Vision Swami Vishnudevanandas sind über 34.000 Multiplikatoren geworden – und jedes Jahr kommen über 1.000 neue hinzu. Sie verbreiten die Lehre des klassischen *Yoga* in Vereinen, Schulen, Arztpraxen, Universitäten, Krankenhäusern und Gefängnissen.

NICHT NUR DIE BEATLES STANDEN KOPF

Als Swami Vishnudevananda 1965 den Beatles auf dem Flughafen in Los Angeles den Kopfstand erklärte, sagte Ringo Starr: „I can't even stand on my feet, how shall I get onto my head? (Ich kann nicht einmal auf eigenen Füssen stehen, wie soll ich dann auf dem Kopf stehen?)" Später brachte er die Beatles von den Füßen auf ihre (Pilz-)Köpfe und sie – wie viele seiner Schüler – begriffen schnell, dass diese Umkehrstellung nicht nur eine körperliche Anstrengung ist, sondern ein Perspektivwechsel für Körper und Geist.

FREI WIE EIN VOGEL

Für Swami Vishnudevananda existierten keine Grenzen, weder innere noch äußere. Er war der Ansicht, dass Barrieren nur mentale Konstrukte sind, die es zu überwinden gilt. Um dies zu verdeutlichen, begann er exemplarisch nationale Grenzen in Krisenregionen zu überwinden. 1971 flog er mit dem Schauspieler Peter Sellers in seinem zweimotorigen Piper Apache ‚Peace Plane' nach Belfast in Nordirland und läutete damit seine Friedensflüge in die Krisenregionen der Welt ein, bei denen er Blumen und Flugblätter abwarf. Sein nächster Friedensflug führte ihn bereits im Monat darauf in den Nahen Osten. Beim Flug über den Suez-Kanal während der Sinai-Krise wollten israelische Abfangjäger ihn gewaltsam zur Landung zwingen, doch er setzte seine Mission unbeirrt fort. „Der Mensch ist frei wie ein Vogel, überwindet Grenzen mit Blumen und Liebe, nicht mit Bomben und Gewehren", so seine Botschaft.

Nach diesem Prinzip schwebte er 1983 in einem Ultraleichtflugzeug mit zwei Chrysanthemen-Sträußen ‚bewaffnet' von West-Berlin über die Mauer. Er landete in Ostberlin-Weißensee auf einem Acker, wo er von DDR-Beamten vier Stunden vernommen und später per U-Bahn mit einem Käsebrot als Wegzehrung zurück in den Westen geschickt wurde.

Ein Jahr darauf reiste er in einem Doppeldeckerbus mit der Aufschrift „Yoga für den Frieden" drei Monate lang durch ganz Indien, um den Menschen im Ursprungsland des *Yoga* den modernen Ansatz der Yogapraktiken und -philosophie nahezubringen. Swami Vishnudevananda starb 1993 während einer Pilgerreise für Weltfrieden und gegenseitiges Verständnis im südindischen Mangalore.

DIE ENERGIE VON 10 RUPIEN

Mit der Energie von 10 Rupien gelang es Swami Vishnudevananda, in den Westen zu gehen, alle Sivananda-Yoga-Vedanta-Zentren und -Ashrams zu errichten und Tausende von Menschen in Yogalehrer-Kursen auszubilden. „Diese 10 Rupien haben mich unzählige Male rund um die Welt gebracht. Nur durch die Energie meines Meisters Swami Sivananda und durch seine Gnade konnte ich all das tun, was ich getan habe. Alles, was ich getan habe, geschah im Namen meines Meisters."

EIN LEBEN IM LICHT DES YOGA

EINE BIOGRAPHISCHE SKIZZE
ÜBER SWAMI DURGANANDA

ANFÄNGE

Gitta Randow-Fletcher wurde am 11. August 1943 mitten im 2. Weltkrieg in Köln geboren, als Tochter einer liebevollen Mutter und eines unternehmenslustigen und humorvollen Vaters. Schon in frühen Jahren zeigte Gitta ein offenes Herz, keinerlei Schüchternheit und ein unabhängiges Wesen. Sie hatte viele Freunde und war sehr beliebt. Im Alter von acht Jahren las sie ein Buch über Buddha, das sie zutiefst faszinierte und Eindrücke aus der Vergangenheit erweckte. 1969 nahm sie ihre erste Yogastunde in Köln und erlebte zum ersten Mal die feinstoffliche Energie der *Yoga*-Endentspannung. Während ausgedehnter Reisen in England hatte alles, was mit *Yoga* und Meditation zu tun hatte, eine starke Anziehungskraft auf Gitta. Diese wachsende innere Suche führte sie schließlich nach Indien.

AUF DER SUCHE NACH DEM LEHRER

Nach anfänglichen Studien mit Sai Baba in Whitefield/Bangalore und Sri Swami Muktananda in Ganeshpuri/Bombay, gelangte Gitta nach Rishikesh, wo sie *Yoga* und Meditation unter der Führung von Sri Swami Brahmananda, einem Schüler Swami Sivanandas praktizierte. Swami Sivanandas Buch ‚Konzentration und Meditation' war ein großer Augenöffner für ihre tägliche Praxis in einem kleinen *Kutir* am Ganges. Aufgrund von Visabeschränkungen musste Gitta Indien verlassen. Die Swamis im Sivananda-Ashram rieten ihr, die Praxis im Westen unter Führung des ‚Flying Swami's' – Swami Vishnudevananda in Québec/Kanada fortzusetzen.

Das Schicksal führte Gitta jedoch nach Kalifornien, wo sie weitere Inspiration erhielt durch Praxis und Studium mit Sri Sant Kesavadas, einem *Bhakta* und Mystiker aus Bangalore und Sri Swami Nadabrahmananda, einem großen *Nada-Yoga*-Schüler von Swami Sivananda. Nach einigen Monaten Mitarbeit im Integral Yoga Center von Sri Swami Satchidananda in San Francisco, traf Gitta dort zum ersten Mal Swami Vishnudevananda, als er das Zentrum besuchte. Swamiji lud sie zu einem Besuch im Sivananda Ashram Yoga Farm in Grass Valley ein. Im *Ashram* sah Gitta die Tiefe, Reinheit und Natürlichkeit in Swamijis spiritueller Persönlichkeit und erkannte in ihm den spirituellen Lehrer. Swamiji hieß Gitta in der spirituellen Sivananda-Familie willkommen, gab ihr *Mantra*-Einweihung und nannte sie von da an spontan „Durga", der Name der beschützenden Energie der Göttlichen Mutter. Durga tauchte mit Herz und Seele in *Sadhana* (*Yoga*-Praxis) ein, und wurde mit der Führung des *Ashram*-Büros betraut. Mit 25 weiteren Schülern nahm Durga 1974 an der Yogalehrerausbildung teil, die damals fast ausschließlich von Swamiji selbst in der alten Scheune der *Yoga* Farm unterrichtet wurde. Nach der Lehrerausbildung zog sich Swamiji mehrere Wochen lang in *Mouna* (Schweigen) zurück. Während dieser Zeit kochte und servierte Durga ihm das tägliche Kitcheri (Reis und Linsen) und vertiefte ihr *Sadhana* unter Swamijis stiller Anleitung.

AUFBRUCH IM DIENSTE DES LEHRERS

Als Swamiji erfuhr, dass Durga aus Deutschland stammte, schickte er sie auf eine Besuchs-Tour aller Sivananda-Zentren Europas, die damals in den allerersten Anfängen standen.

Nach Beendigung der Tour blieb Durga in Wien, wo sie unter der Führung von Swami Ramanananda lernte, das Zentrum zu führen und *Yoga*- und Meditationskurse zu geben. Als Swamijis erste *Sannyas*-Schülerin hatte Swami Ramananda mehrere Sivananda-Zentren in Nordamerika aufgebaut und war erst seit kurzer Zeit wieder in ihre Heimat Österreich zurückgekehrt, um mit dem Aufbau des Wiener Sivananda-Zentrums zu beginnen.

Regelmäßig rief Swamiji Durga, ihm in den nordamerikanischen *Ashrams* zu assistieren und half ihr dabei in der Entfaltung vieler Facetten des *Yoga*-Trainings. Weihnachten 1977 gab Swamiji ihr die *Sannyas*-Weihe mit dem monastischen Namen Swami Durgananda Saraswati.

Als Swamijis leibliche Mutter, Sri Swami Sivasaranandaji, mehre Monate zu Gast im Sivananda-Ashram in Kanada war, wurde Swami Durgananda gerufen, Mataji während ihres Aufenthaltes zu assistieren.

Als Swami Ramananda mehr und mehr unter Erblindung und einer schwerwiegenden Hüftfraktur litt, wurde Swami Durgananda unter Swamijis enger Führung mit dem Aufbau und der Leitung der Sivananda-Zentren in Europa beauftragt. Nach einem längeren Aufenthalt in Kanada kehrte Swami Ramananda in den späten 80er Jahren nach Wien zurück. Swami Durgananda sorgte für ihr physisches und spirituelles Wohl in der Wiener Zentrumsgemeinschaft, wo Swami Ramananda noch mehrere Monate im Kreis ihrer treuen Yoga-Schüler wirkte – ein Beispiel an Liebe und Verhaftungslosigkeit, bis sie 1992 ihren Körper verließ.

Jedes Jahr organisierte Swami Durgananda Swamijis Europa-Tour und assistierte ihm in den Zentrums-Programmen.

1985 unterrichtete Swamiji die erste Yogalehrerausbildung in Bayona, Spanien. Von da an fand die Lehrerausbildung jedes Jahr in unterschiedlichen europäischen Ländern statt, von Frankreich (Blois), Österreich (Scheffau, Mariapfarr, Reith bei Kitzbühel), Spanien (Mojacar, Turre, Cuenca) bis England (Dorset) und Deutschland (Meißen). Swami Durgananda sorgte auch dafür, dass Schüler aus ganz Europa regelmäßig an den Yogalehrerausbildungen in den Ashrams in Nordamerika und Indien teilnehmen konnten. Seit 1998 wird unter Swami Durganandas Leitung auch die Fortgeschrittene Yogalehrerausbildung in Europa unterrichtet.

Während der Yogalehrerausbildungen in Indien, Kanada, Bahamas und Israel unterrichtete Swami Durgananda vor allem die Bhagavad Gita. Ihr lebendiger Unterricht wurde ein besonderer Anziehungspunkt für die Schüler, die in dieser klassischen Schrift einen roten Faden erkannten, der nicht nur durch alle Aspekte der Ausbildung führt, sondern auch spirituelle Führung in allen Aspekten des täglichen Lebens bietet.

Gleichermaßen entwickelten sich Swami Durganandas Vorträge über Patanjalis Raja-Yoga-Sutren während der Fortgeschrittenen Yogalehrerausbildung zu einem praktischen Handbuch für Yoga-Psychologie im Westen. Ihre Raja-Yoga-Vorträge vom März 2001 im Sivananda Ashram Yoga Retreat, Nassau, Bahamas, erschienen 2004 in Buchform.

In den 80er Jahren befand sich Swamiji auf dem Höhepunkt seiner weltweiten Yoga-Aktivitäten. Eine unermüdliche Suche nach symbolischen Friedensmissionen brachte Swamiji 1983 auf die Idee, die Berliner Mauer mit einem Ultraleichtflugzeug von West nach Ost zu überqueren. An Swami Durgananda lag es, dieses besondere Unternehmen zu koordinieren: eine improvisierte und geheime ‚Startbahn' in West-Berlin finden, das Ultraleichtflugzeug unerkannt nach West-Berlin einführen, ein Internationales Friedensfestival in West-Berlin vorbereiten, sowie einen öffentlichen Feuerlauf am Potsdamer Platz, direkt auf der Westseite der Mauer organisieren, und das ganze Ereignis öffentlich ankündigen und weltweite Presseberichterstattung veranlassen – all dies geschah auf wundersame Weise.

1984 brachte Swamiji die Botschaft von *Yoga* für Weltfrieden buchstäblich in alle Teile Indiens – eine dreimonatige Fahrt mit einem englischen Doppeldeckerbus als fahrbarer *Ashram* quer durch den Subkontinent. Swami Durgananda begleitete Swamiji auch auf dieser Fahrt.

Als 1989 die Berliner Mauer fiel, rief Swamiji noch in derselben Nacht an und bat, dass binnen einer Woche eine Friedensfeier an der Mauer vorbereitet werde, eine Pressekonferenz, ein Treffen mit dem ostdeutschen Präsidenten Egon Krenz, sowie mit dem Bauern, der ihm 1983 nach der Landung auf einem ostdeutschen Acker geholfen hatte. Getragen von Swamijis Gedankenkraft und vielen treuen Helfern verwirklichte sich all dies wie nach einem göttlichen Plan.

1990 gab Swamiji einigen seiner engen Schüler die *Yoga-Acharya*-Weihe und setzte sie damit formell als seine Nachfolger in den Zentren und *Ashrams* weltweit ein. Als *Acharya* für Europa sah Swami Durgananda weiter nach der spirituellen Entwicklung der Mitarbeiter, Lehrer und Schüler, indem sie unermüdlich von Zentrum zu Zentrum reiste. 1991 wurde das Sivananda-Zentrum in Berlin gegründet.

Nach seinem ersten Schlaganfall gegen Ende des Jahres 1990, besuchte Swamiji ein letztes Mal Kontinental-Europa, und leitete selbst stundenlange *Om Namo Narayana* Friedensgebete in allen Zentren.

1992 rief Swamiji Swami Durgananda, ihn auf der *Ganga-Parigrama-Yatra* zu begleiten, einer Pilgerfahrt von der Gangesquelle im Himalaya bis zur Mündung in den Golf von Bengalen.

Als Swamiji am 9. November 1993 in Mookambika, Südindien, *Mahasamadhi* erlangte, wurde sein Körper am nächsten Tag nach Delhi geflogen.

Dort hatten sich Swami Durgananda und andere enge Schüler versammelt, um Swamiji ein letztes Geleit nach Rishikesh und weiter hinauf in seinen geliebten Himalaya zu geben. Die Prozession erreichte Uttarkashi am 11. November kurz vor Sonnenuntergang. Dort wurde von den örtlichen *Sadhus* mit außerordentlicher Liebe und Sorgfalt die klassische *Jala-Samadhi*-Zeremonie (Beisetzung im Ganges) durchgeführt.

EINHEIT IN VERSCHIEDENHEIT

Während seines ganzen Lebens war es Swami Vishnudevananda ein großes Anliegen, die Botschaft seines Meisters mit seinen *Gurubhais* sowie anderen heiligen Menschen mit unterschiedlichen religiösen und spirituellen Hintergründen zu teilen. Swami Durgananda führte diesen liebevollen Respekt in *Satsangs* mit *Mahatmas* (großen Seelen) weiter fort. In den letzten 30 Jahren wurden unzählige Tourneen mit authentischen Meistern unterschiedlicher Yogawege in alle europäischen Sivananda-Zentren unternommen:

Sri Swami Chidananda, Präsident der Divine Life Society in Rishikesh und einer der engsten Schüler und Nachfolger von Meister Sivananda wird weltweit als ein großer *Yogi* und Weiser verehrt. Seine unvergesslichen *Satsangs* in den Sivananda-Zentren brachten große Inspiration.

Sri Swami Hridayananda war Ärztin und zugleich Swami Sivanandas persönliche Assistentin. Gegen Ender der 70er Jahre besuchte ‚Mataji' die Zentren mit wunderbaren Vortragen und erhebenden *Kirtans* und Meditationen.

1977 verbrachte Sri Swami Nadabrahmananda, der berühmte *Nada-Yogi* aus dem Sivananda Ashram Rishikesh, mehrere Wochen in Europa und führte die Mitarbeiter und Schüler zu einem tieferen Verständnis von *Kirtan* (Mantrasingen).

Sri Swami Nityananda teilt die Weisheit aktiver Nächstenliebe in jahrzehntelanger Arbeit mit Armenkindern in Neu-Delhi. „Sei gut – tue Gutes", sind die goldenen Lehren Swami Sivanandas, die zum Leitwort für Swami Nityananda Wirken wurden. Mehrmals besuchte er die Zentren in Europa.

Der *Bhakti*-Meister und Mystiker Sri Sant Kesavadas und seine Frau Rama Mataji besuchten ganz Europa mit erhebenden *Satsangs*, spirituellen Geschichten und Musikdarbietungen verschiedener Yogaschriften wie die *Devi Mahatmyam*, die *Ramayana* und die *Bhagavad Gita*.

Sri Swami Chaitanyananda, ein großer *Jnani* und enger Schüler von Sri Swami Sivananda Maharaj, verließ die Zurückgezogenheit seines *Ashrams* in Uttarkashi/Himalaya und verbrachte im Jahr 2000 12 Monate auf Welttournee durch alle Sivananda-Zentren und *Ashrams* weltweit. Seine *Satsangs* erfüllt mit der Weisheit der *Upanischaden* und inspirierenden Erinnerungen an *Gurudev* Swami Sivananda sind vielen Schülern in Europa noch heute präsent.

Bevor Swamiji den Körper verließ, hatte Swamiji mit Sorgfalt und Nachdruck seine engeren Schüler in die traditionellen Rezitationen der *Srimad Bhagavatam* eingeführt, der wichtigsten Schrift des *Bhakti-Yoga*. 1998 besuchte Sri Venugopal Goswami zum ersten Mal das Berliner Zentrum. Sri Venugopal Goswami ist *Bhagavatacharya* des Radha Raman Tempels in Vrindavan und Schüler des weltberühmten Gesangsmeisters Sri Pandit Jasraj und lehrt weltweit Yogaweisheiten in Wort und Musik in Form der siebentägigen klassischen Schriftrezitation *Bhagavata Saptaha*. Sri Venugopal Goswamis Erläuterungen der universellen Yogaphilosophie mit devotionalen indischen Gesängen und klassischer Ragabegleitung sind für westliche Yogaschüler außerordentlich attraktiv. Zusammen mit Swami Durganandas praktischen Vorträgen zu Meditation und Yogaleben, sowie Asana- und Pranayamaworkshops mit erfahrenen Swamis, sind diese Programme zu einem spirituellen Höhepunkt in allen europäischen Zentren geworden.

Dr. Shanti Kumar Kamlesh aus Lucknow, Nordindien, hat sich sehr um das praktische Verständnis der *yogischen* Ernährung in den Zentren verdient gemacht. Dr. Kamlesh entstammt in siebter Generation einer traditionellen Familie *ayurvedischer Vaidyas* (Ärzte) und inspiriert durch persönliches Beispiel, wie man auf einfache Weise die eigene Ernährung verbessert. Im Einklang mit der persönlichen Körperkonstitution und dem örtlichen Klima kann diese Ernährungslehre als umfassende Vorbeugung und Therapie eingesetzt werden.

„Der Gast ist Gott", war Meister Sivanandas goldene Regel, die Swamiji an seine engen Schüler weitergab. Swami Durgananda wendet sie ganz natürlich für alle *Mahatmas* und Ehrengäste an, die mit ihrer Zeit, Liebe und Wissen die Arbeit der Sivananda-Zentren in Europa unterstützen.

In den 80er und 90er Jahren haben auch viele *Gurubhais* aus Nordamerika und anderen Ländern wertvolle Unterstützung für Swamijis Mission in Europa gegeben: Die inspirierenden Besuche von Swami Mahadevananda, Swami Shanmugananda, Swami Sankarananda, Swami Srinivasananda, Swami Saradananda und anderen Swamis sind in dankbarer Erinnerung.

NEUE HORIZONTE

In Europa kam Swamiji immer wieder in zwei Gegenden für besondere Yogaseminare – die Tiroler Alpen und das Loiretal.

Nachdem einige Jahre lang saisonweise Seminarhäuser in Tirol angemietet worden waren, gründete Swami Durgananda 1998 das Sivananda-Yoga-Seminarhaus in Reith bei Kitzbühel. Die wunderschöne Landschaft und die moderne und zugleich einfache Atmosphäre zieht Menschen nicht nur aus München, Wien und Zürich an, sondern aus ganz Europa, bis nach Israel und Nordamerika.

Von allen Ländern Europas, wurden Swamijis Mission in Frankreich die besten gesetzlichen Umstände gewährt. Der Antrag auf Anerkennung als monastischer Orden wurde noch zu Swamijis Lebzeiten eingereicht. Mit Hilfe des bekannten Pariser Rechtprofessors und Anwaltes Maître Jacques Manseau, wurde dem Sivananda-Yoga-Zentrum Paris nach 10 Jahren detaillierter Untersuchung der französischen Verwaltung, die dafür sogar eine Delegation bis nach Indien entsandte, die Anerkennung als ‚Congregation Monastique Hindouiste‘ durch den französischen Premierminister persönlich erteilt. Diese Anerkennung führte schließlich zum Erwerb des ersten Sivananda *Ashrams* in Europa, dem Château du Yoga Sivananda in Neuville-aux-bois bei Orléans. Die offizielle Einweihung des *Ashrams* wurde im August 2003 gemeinsam mit Swami Durganandas 60sten Geburtstag gefeiert.

Wie gut gepflegte Pflanzen, aus denen immer neue Zweige wachsen, so haben sich die Sivananda-Zentren in Europa ständig erweitert. Fast jedes Jahr wurde eine weitere Etage oder Gebäudetrakt dazugemietet, und wenn immer dieser natürlichen Expansion Grenzen gesetzt wurden, zögerte Swami Durgananda nie, einfach das ganze Zentrum umziehen zu lassen.

Im Geist von Einheit in Verschiedenheit gibt Swami Durgananda detaillierte Führung und Inspiration für Menschen, die Swamijis Mission auch in anderen Umgebungen in Verbindung mit verschiedensten Talenten ausdrücken möchten. Das affiliierte Sivananda-Yoga-Center in Hamburg ist ein neuer und dynamischer Zusammenfluss von *Yoga* und Moderner Kunst.

In den letzten 10 Jahren haben auch die Aktivitäten in Osteuropa zugenommen, besonders in Litauen und Polen, von wo viele ernsthafte Schüler zu den Yogalehrerausbildungen in Europa kommen.

DAS VERWANDELN DER HERZEN

Jenseits aller Ereignisse, die sich mit Fakten und Zahlen belegen lassen, ist es Swamijis Weisheit und Liebe, die durch Swami Durgananda in ihrem täglichen Handeln mit den Swamis, Mitarbeitern, Lehrern und Schülern in den Zentren fließt. Ihr eigener Glaube an die verwandelnde Kraft des *Yoga* ermöglicht es Swami Durgananda vielen ernsthaft Suchenden in oft innovativer Art und Weise zu helfen, sich zu starken und liebevollen Persönlichkeiten zu entwickeln und diese Inspiration mit anderen zu teilen.

INTERNATIONALE SIVANANDA-YOGA-VEDANTA-ZENTREN UND -ASHRAMS

www.sivananda.org   www.sivananda.eu

ASHRAMS

Sivananda Ashram Yoga Camp
673 Eighth avenue, Val-Morin
Québec, J0T 2R0, KANADA
Tel.: +1 819 322 32 26
Fax: +1 819 322 58 76
E-Mail: hq@sivananda.org
Web: www.sivananda.org/camp

Sivananda Yoga Seminarhaus
Bichlach, 40
6370, Reith bei Kitzbühel, ÖSTERREICH
Tel.: +43 (0)53 56 67 404
Fax: +43 (0)53 56 67 4044
E-Mail: tyrol@sivananda.net
Web: www.sivananda.org/tyrol

Ashram de Yoga Sivananda
26 impasse du Bignon,
45170 Neuville-aux-bois, FRANKREICH
Tel.: +33 (0)2 38 91 88 82
Fax: +33 (0)2 38 91 18 09
E-Mail: orleans@sivananda.net
Web: www.sivananda.org/orleans

Sivananda Ashram Yoga Retreat
P.O. Box N 7550
Paradise Island, Nassau, BAHAMAS
Tel.: +1 242 363 2902
Fax: +1 242 363 37 83
E-Mail: nassau@sivananda.org
Web: www.sivanandabahamas.org

Sivananda Ashram Yoga Ranch
P.O. Box 195, Budd Road
Woodbourne, NY 12788, U.S.A.
Tel.: +1 845 436 64 92
Fax: +1 845 363 46 31
E-Mail: yogaranch@sivananda.org
Web: www.sivanandayogaranch.org

Sivananda Ashram Yoga Farm
14651 Ballantree Lane, Comp. 8
Grass Valley, CA 95949, U.S.A.
Tel.: +1 530 272 93 22
Fax: +1 530 477 60 54
E-Mail: yogafarm@sivananda.org
Web: www.sivanandayogafarm.org

Sivananda Yoga Dhanwantari Ashram
P.O. Neyyar Dam, Dt. Thiruvananthapuram
Kerala 695 572, INDIA
Tel.: +91 949 563 0951
Fax: +91 471 227 27 03
E-Mail: guestindia@sivananda.org
Web: www.sivananda.org/neyyardam

Sivananda Yoga Vedanta Minakshi Ashram
Vellayampatti P.O.,
Madurai district,625 503 Tamil Nadu, INDIA
Tel.: +91 452 209 06 62
E-Mail: madurai@sivananda.org
Web: www.sivananda.org/madurai

Sivananda Kutir (near Siror Bridge)
P.O. Netala, Uttara Kashi District
Uttaranchal, Himalayas 249193, INDIA
Tel.: +91 90 12 78 94 28
Tel.: +91 99 27 09 97 26
E-Mail: himlayas@sivananda.org
Web: www.sivananda.org/netala

ZENTREN
DEUTSCHLAND
Sivananda Yoga Vedanta Zentrum
Steinheilstraße 1, 80333 München
Tel.: +49 (0)89 700 9669 0
Fax: +49 (0)89 700 9669 69
E-Mail: munich@sivananda.net
Web: www.sivananda.org/munich

Sivananda Yoga Vedanta Zentrum
Schmiljanstraße 24, 12161 Berlin
Tel.: +49 (0)30 85 99 97 98
Fax: +49 (0)30 85 99 97 97
E-Mail: Berlin@sivananda.net
Web: www.sivananda.org/berlin

**Internationales Sivananda Yoga
Center (affiliert)**
Kleiner Kielort 8, 20144 Hamburg
Tel.: +49 (0)40 41 42 45 46
Fax: +49 (0)40 41 42 45 45
E-Mail: post@artyoga.de
Web: www.artyoga.de

ÖSTERREICH
Sivananda Yoga Vedanta Zentrum
Prinz-Eugen-Straße 18, 1040 Wien
Tel.: +43 01 586 34 53
Fax: +43 01 586 3453 40
E-Mail: vienna@sivananda.net
Web: www.sivananda.org/vienna

SCHWEIZ
Centre Sivananda de Yoga Vedanta
1 rue des Minoteries, Geneva 1205
Tel.: +41 022 328 03 28
Fax: +41 022 328 03 59
E-Mail: geneva@sivananda.net
Web: www.sivananda.org/geneva

ARGENTINIEN
Centro Internacional Yoga Sivananda
Sánchez de Bustamante 2372
Capital Federal – Buenos Aires 1425
Tel.: +54 11 48 04 78 13
Fax: +54 11 48 05 42 70
E-Mail: buenosaires@sivananda.org
Web: www.sivananda.org/buenosaires

Centro de Yoga Sivananda
Rioja 425, Neuquèn 8300
Tel.: +54 29 94 42 55 65
E-Mail: neuquen@sivananda.org
Web: www.sivananda.org/neuquen

BRASILIEN
Centro Sivananda de Yoga Vedanta
Rua Santo Antônio 374, Bairro Independência
Porto Alegre 90 220 - 010 – RS
Tel.: +55 51 30 24 77 17
E-Mail: portoalegre@sivananda.org
Web:www.sivananda.org/portoalegre

KANADA
Sivananda Yoga Vedanta Centre
5178, Saint Laurent boulevard
Montreal, Québec, H2T 1R8
Tel.: +1 514 279 35 45
Fax: +1 514 279 35 27
E-Mail: montreal@sivananda.org
Web: www.sivananda.org/montreal

Sivananda Yoga Vedanta Centre
77 Harbord Street
Toronto, Ontario, M5S 1G4
Tel.: +1 416 966 96 42
Fax: +1 416 966 13 78
E-Mail: toronto@sivananda.org
Web: www.sivananda.org/toronto

ENGLAND
Sivananda Yoga Vedanta Centre
45 – 51 Felsham Road, London SW15 1AZ
Tel.: +44 020 87 80 01 60
Fax: +44 020 87 80 01 28
E-Mail: london@sivananda.net
Web: www.sivananda.co.uk

FRANKREICH
Centre Sivananda de Yoga Vedanta
140 rue du Faubourg Saint-Martin, 75010 Paris
Tel.: +33 (0)1 40 26 77 49
Fax: +33 (0)1 42 33 51 97
E-Mail: paris@sivananda.net
Web: www.sivananda.org/paris

INDIEN
Sivananda Yoga Vedanta Nataraja Centre
A-41, Kailash Colony, New Delhi 110 048
Tel.: +91 11 32 06 90 70 or 29 23 09 62
E-Mail: delhi@sivananda.org
Web: www.sivananda.org/delhi

Sivananda Yoga Vedanta Dwarka Centre
PSP Pocket, Sector – 6 (near DAV school)
Swami Sivananda Marg, Dwarka
New Delhi 110 075
Tel.: +91 11 64 56 85 26
or 45 56 60 16
E-Mail: dwarka@sivananda.org
Web: www.sivananda.org/dwaraka

Sivananda Yoga Vedanta Centre
TC 37/1927 (5), Airport road, West Fort P. O.
Thiruvananthapuram. Kerala
Tel.: +91 471245 0942 or 2465368
Mob.: +91 94 97 00 84 32
E-Mail: trivandrum@sivananda.org
Web: www.sivananda.org/trivandrum

Sivananda Yoga Vedanta Centre
3/655 Kuppam Road, Kaveri Nagar, Kottivakkam
600 041 Chennai, Tamil Nadu
Tel.: +91 44 24 51 16 26 / 25 46
E-Mail: chennai@sivananda.org
Web: www.sivananda.org/chennai

Sivananda Yoga Vedanta Centre
444, K.K. Nagar. East 9th Street
625 020 Madurai. Tamil Nadu
Tel.: +91 452 2521170 or 2522634
Mob.: +91 909 224 07 02
E-Mail: maduraicentre@sivananda.org
Web: www.sivananda.org/maduraicentre

ISRAEL
Sivananda Yoga Vedanta Centre
6 Lateris Street, Tel Aviv 64166
Tel.: +972 03 691 67 93
Fax: +972 03 696 39 39
E-Mail: telaviv@sivananda.org
Web: www.sivananda.org/telaviv

ITALIEN
Centro Yoga Vedanta Sivananda Roma
via Oreste Tommasini, 7
00162 Roma
Tel.: +39 06 45 49 65 29
Mob.: +39 347 426 1345
E-Mail: roma@sivananda.org
Web: sivananda-yoga-roma.it

JAPAN
Sivananda Yoga Vedanta Center
4-15-3 Koenji-kita, Suginami-ku
Tokyo 1660002
Tel.: +81 03 53 56 77 91
E-Mail: tokyo@sivananda.org
Web: www.sivananda.jp

LITAUEN
Sivananda Jogos Vedantos Centras
M.K. Čiurlionio g. 66, Vilnius 03100
Tel.: +370 8 64 87 28 64
E-Mail: vilnius@sivananda.net
Web: www.sivananda.org/vilnius

PORTUGAL
Centro de Yoga Sivananda Vedanta
(affiliert)
Rua José Carlos dos Santos, n 12 - Loja
1700 - 257 Lisboa
Tel: +351 21 797 09 60
E-Mail: info@sivananda.pt

SPANIEN
Centro de Yoga Sivananda Vedanta
Calle Eraso 4, Madrid 28028
Tel.: +34 91 361 51 50
Fax: +34 91 361 51 94
E-Mail: madrid@sivananda.net
Web: www.sivananda.org/madrid

USA
Sivananda Yoga Vedanta Center
1246 West Bryn Mawr
Chicago, IL 60660
Tel.: +1 773 878 77 71
E-Mail: chicago@sivananda.org
Web: www.sivananda.org/chicago

Sivananda Yoga Vedanta Center
243 West 24th Street
New York, NY 10011
Tel.: +1 212 255 45 60
Fax: +1 212 727 73 92
E-Mail: newyork@sivananda.org
Web: www.sivananda.org/ny

Sivananda Yoga Vedanta Center
1200 Arguello Boulevard
San Francisco, CA 94122
Tel.: +1 415 681 27 31
E-Mail: sanfrancisco@sivananda.org
Web: www.sivananda.org/la

Sivananda Yoga Vedanta Center
13325 Beach Avenue
Marina del Rey, CA 90292
Tel.: +1 310 822 96 42
E-Mail: losangeles@sivananda.org
Web: www.sivananda.org/la

URUGUAY
Asociación de Yoga Sivananda
Acevedo Díaz 1523
Montevideo 11200
Tel.: +598 24 01 09 29 / 66 85
Fax: +598 24 00 73 88
E-Mail: montevideo@sivananda.org
Web: www.sivananda.org/montevideo

VIETNAM
Sivananda Yoga Vedanta Center
25 Tran Quy Khoach str., District 1
Ho Chi Minh City
Tel.: +84 08 66 80 54 27 / 28
E-Mail: hochiminh@sivananda.org
Web: www.sivanandayogavietnam.org

www.ingramcontent.com/pod-product-compliance
Lightning Source LLC
Chambersburg PA
CBHW031341040426
42443CB00006B/422